THE HISTORY 한국사 인물 2

퇴계 이황

THE HISTORY 한국사 인물 2
퇴계 이황

펴낸날 2023년 2월 20일 1판 1쇄
펴낸이 강진균
글 김원경
그림 손영옥
편집·디자인 편집부
마케팅 변상섭
제작 강현배
펴낸곳 삼성당
주소 서울시 강남구 선릉로 747 삼성당빌딩 9층
대표 전화 (02)3443-2681 **팩스** (02)3443-2683
출판등록 1968년 10월 1일 제2-187호
ISBN 978-89-14-02080-2 (73990)

본 저작물은 저작권법에 따라 보호를 받는 책이므로 무단 전재와 무단 복제를 금합니다.
※ 파본은 바꾸어 드립니다.

THE HISTORY 한국사 인물 2

퇴계 이황

차례

예절 바른 아이 ················· 11

천재란 없다 ··················· 32

진정한 학자 ··················· 56

퇴계의 시 ····················· 78

유명한 일화들·· 104

퇴계 이황의 생애 ··· 122

퇴계 이황··· 123

예절 바른 아이

 연산군이 즉위한 지 7년째 되던 해인 1501년 11월 25일, 예안현 온계리(지금의 경상북도 안동시)에 살던 진사 이식의 집에 귀여운 막내아들이 태어났다.
 그 아이가 바로 뛰어난 학문적 성과로 오늘날 이름을 떨치고 있는 퇴계 이황이다.
 이황의 자는 처음에 계호였다가 뒷날 경호로 바뀌었다. 그리고 호는 퇴계, 도옹, 퇴도, 청량산인 등으로 불렸으며 어릴 적 이름은 서홍이었다.

예전에 이름 외에 별도로 부르던 이름에 자와 호가 있었는데 자는 대개 부모님이나 집안 어른이 지어 주었고 호는 친구나 스승, 아니면 본인이 스스로 짓기도 하였다.

그의 조상은 본래 진보현(지금의 경상북도 청송군)에 살았다. 그런데 5대조 할아버지 이자수가 홍건적을 토벌한 공으로 송안군에 봉해지면서 풍산현(지금의 경상북도 안동군)으로 이사하여 살게 되었다. 그리고 그 뒤 할아버지인 이계양이 온계리로 터전을 옮겨 온 것이었다.

이황이 태어난 마을은 자그마했지만, 산이 아름답고 맑은 시냇물이 사철 흐르는 낙동강 상류의 살기 좋은 곳이었다.

그런데 이황이 태어난 지 불과 7개월 만에 아버지 이식이 마흔 살의 한창 나이로 세상을 떠나고 말았다.

그리하여 이황은 아버지의 얼굴도 기억하지 못한 채, 서른두 살의 젊은 나이에 과부가 된 홀어머니 밑에서 성장하게 되었다.

이식은 첫째 부인 김 씨와 사별하고 박 씨와 재혼을 했는데, 그녀가 바로 이황의 어머니였다.

　이황은 배다른 형제까지 형이 여섯, 누나가 하나인 가운데 막내로 태어났기 때문에 귀여움을 독차지하며 자랄 수 있었다.

　그러나 아버지가 세상을 떠났을 무렵 큰형만이 장가를 들었을 뿐 모두 어린 나이였으므로 집안 살림을 도맡은 홀어머니의 어려움은 이루 말할 수 없었다.

　아버지가 진사* 벼슬을 지냈지만, 특별히 모아 놓은 재산이 없어 겨우 논밭 몇 마지기로 생계를 꾸려 가야 했다.

　여덟 남매나 되는 자식들을 거느린 이황의 어머니는 어떻게 해서라도 가문을 지켜 내야 한다고 마음을 다지며 농사일은 물론이고 밤낮을 잊은 채 길쌈에 매달렸다. 또한 자

진사

조선 시대 진사시에 합격한 사람을 일컫던 호칭. 진사시는 시와 문장 등 문학 부문의 시험으로, 유교 경전을 시험한 생원시와 마찬가지로 초시 및 복시가 있었다. 복시에 합격하면 성균관에 입학할 기회도 부여되었다.

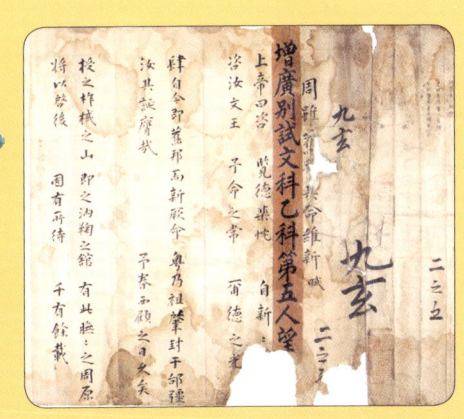

시권(과거 응시자들이 제출한 시험 답안지)

녀들이 마음 놓고 공부할 수 있도록 온갖 정성을 기울였다.

그 무렵 조선 왕조의 제일가는 폭군인 연산군이 왕위에 있던 때라 세상이 무척 어지러웠다.

연산군도 처음에는 어진 임금이었다. 그러나 자신의 어머니 윤 씨가 모함을 받아 대궐 밖으로 쫓겨나서 죽은 것을 알고 나서부터 성질이 포악해졌다.

연산군은 자기 어머니의 죽음에 관계된 사람들을 찾아내 모두 죽였다. 그중에는 죄 없는 선비들도 많이 있었다.

그리하여 민심까지 덩달아 흉흉해져 백성들은 나라에 바칠 세금을 마련하기도 힘에 겨웠다.

하지만 이황의 어머니는 가난한 살림에도 불구하고 학비를 마련하여 모든 자식에게 배움의 길을 터 주었다. 그리고 그들에게 항상 격려를 아끼지 않았다.

"얘들아, 세상 사람들은 아버지 없는 자식을 보면 버릇없고 배운 것 없다고 비난한단다. 그러니 너희는 남들보다 몇 배 더 노력하고 학문을 닦아 반드시 훌륭한 사람이 되어야 한다. 더구나 우리 가문은 예로부터 글공부를 많이 한 훌륭한 집안이다. 돌아가신 너희 아버지만 하더라도 학문이 대단한 분이셨다. 앞으로 공부를 열심히 해야 하는 것은 물론, 몸가짐 또한 각별히 조심하도록 하여라. 알겠느냐?"

"네, 어머님."

이황의 형제들은 어머니의 가르침을 가슴 깊이 새기면서 힘차게 대답했다.

박 씨 부인은 결코 학문이 높거나 세상 이치를 남달리 깨달은 나머지 자식들에게 그런 가르침을 준 것은 아니었다.

"나는 오직 너희들 뒷바라지에 정성을 다하는 것이 올바른 일이라고 생각한다."

이황의 형제들은 이런 어머니의 엄격한 교훈과 배려에 힘입어 훌륭히 자라났다.

"훌륭하게 성장해서 집안을 빛내겠습니다, 어머니!"

"오냐, 그래야지."

그중에서도 특히 이황은 어려서부터 어머니의 말을 잘 듣고 형과 누나들에게도 늘 공손했다.

"아휴, 우리 막내 착하기도 하지."

"그 녀석, 참 기특하단 말이야!"

그는 어른이 부르면 자다가도 벌떡 일어날 정도였다.

"예, 부르셨어요?"

또한 자기가 할 일을 남에게 의존하지 않고 스스로 해결했다.

"끙끙, 나 혼자도 할 수 있어. 아무리 어려운 일이 있어도 꼭 내 힘으로 헤쳐 나갈 테다!"

그토록 총명하던 이황이 여덟 살 때의 일이었다.

"엉엉. 몹시 아프지, 형?"

"아니?"

"그것참 이상하다. 둘이 싸웠나? 형은 손을 베어도 가만히 있는데 네가 도대체 왜 우느냐?"

"형은 참을성이 많아 울지 않지만 저렇게 피가 흐르는데 얼마나 아프겠습니까?"

이황은 마치 자신이 상처를 입은 것처럼 슬퍼했다. 이황의 어머니는 그런 아들이 기특하기도 했지만, 한편으로는 걱정이 되었다.

'성격이 너무 나약한 게 아닐까?'

어머니는 가끔 이런 걱정을 맏딸에게 털어놓았다.

"막내는 타고난 천성이 깨끗하고 어질기만 해서 세상 사람들과 어울리지 못할까 염려가 되는구나."

"어머님, 정말 그래요. 막내는 다른 아이들과 너무 달라요. 어머님께서 막내에게만 엄하게 가르침을 주시는 것도 아닌데, 우리들 앞에서조차 다리를 뻗거나 드러눕는 일이 없다니까요."

"아무튼 너무 지나친 듯한 면도 있지만, 부지런하고 제 할 일을 스스로 해 나가니 막내는 특별히 가르칠 것이 없다. 저 아이는 장차 큰 인물이 될 것 같구나."

그러나 이황의 어머니는 마음 한쪽으로 어지러운 세상에 나가 벼슬길에 오를 아들의 장래가 자꾸만 걱정되었다.

그러던 어느 날, 어머니는 어린 이황을 조용히 불렀다.

"애야, 너는 앞으로 어떤 사람이 되고 싶으냐?"

이황은 어머니의 물음에 서슴지 않고 자신이 품고 있던 생각을 말했다.

"앞으로 어떤 사람이 되느냐 하는 것은 저의 노력에 달린 일이 아니겠습니까? 봄에 씨앗을 뿌려 가을에 거둬들일 때까지 농부가 기울인 정성에 따라 그 수확량이 결정되듯 성공도 그 사람이 노력한 만큼 결실을 본다고 생각합니다. 저는 조급하게 무엇이 되겠다는 생각보다는 '천릿길도 한 걸음부터'라는 말처럼 꾸준히 노력할 것입니다."

'아니, 어린애가 어쩜 이렇게 어른스러운 말을…….'

이제 겨우 『천자문*』을 뗀 아이가 그런 말을 하자, 어머

천자문

중국 양나라의 주흥사가 엮은 책. 우주 만물을 네 자씩 250구, 즉 1천 자로 읊은 것인데 한 자의 중복도 없다. 일찍이 우리나라에 전해져 한문 공부를 시작하는 사람들의 기초 교재로 쓰였다. 특히 조선 선조 때 한석봉이 쓴 『석봉천자문』은 국어학 연구에도 좋은 자료가 되고 있다.

천자문

니는 자신의 질문에 새삼 부끄러움을 느꼈다.

하지만 어머니는 아들의 의젓한 대답에도 불구하고 또 한 가지 걱정이 지워지질 않았다.

'막내는 타고난 천성이 너무 깨끗하고 어질기만 해서 걱정이야. 과거에 급제해 벼슬길에 오르면 많은 사람을 만나고 사귀어야 할 텐데, 조정에는 착한 사람만 있는 것이 아니다. 옳지 못한 신하들이 어진 막내를 이해하지 못하고 모함하면 어떻게 하지? 막내가 그것을 견뎌 낼 수 있을지 걱정이 되는구나.'

어머니는 그런 염려 끝에 말을 이었다.

"너는 장차 벼슬을 하되, 지방의 작은 고을을 다스리는 자리에 올라 진정한 백성의 어버이가 되거라. 이는 학문을 계속 연구하여 훌륭한 학자로 남으라는 말이다."

어머니의 말을 듣고 난 이황은 눈을 크게 뜨고 물었다.

"다른 집 부모님들은 자식들에게 높은 벼슬자리에 오르라고 말한다는데, 어머님은 어찌하여 그런 분부를 내리십니까?"

"난들 왜 자식이 높은 벼슬에 오르는 것을 바라지 않겠느냐. 하지만 이 어지러운 세상이 너의 곧은 성격을 잘 받아 줄 것 같지 않은 예감이 드는구나."

이황의 어머니는 나라가 시끄러운 판에 높은 벼슬자리에 올랐다가 변을 당하는 것보다는 평생 학문을 연구하여 무사히 지내기를 바라는 심정을 가졌다.

"어머님, 정녕 제 성격이 다른 사람들과 어울릴 수 없을 만큼 모가 났습니까?"

"아니다. 네 성격이 모가 났다는 것이 아니라, 교활하고 모함하기 좋아하는 이들이 들끓는 세상이라 걱정스럽다는 말이다."

이황은 마음속으로 어머니가 지나치게 염려한다고 생각했다. 그러나 뒷날 높은 벼슬에 올랐을 때, 그는 어머니의 교훈을 잊어버리고 부질없는 명성에 이끌린 것을 후회하게 되었다.

이황은 열두 살 때 작은아버지인 송재 이우로부터 『논어』를 배우게 되었다.

이우는 일찍이 문과에 급제하여 호조와 형조 참판을 거쳐 강원도와 경상도 관찰사를 지냈고 안동 부사가 되어 어진 정치를 베풀었던 사람이다.

그는 시가와 산문에 뛰어났으며 청렴하기로도 이름이 높았다. 이우는 어린 조카를 친자식처럼 귀여워해 주었다.

그러나 스승의 역할을 담당하게 된 후부터는 매우 엄격해졌다.

"학이시습지면 불역열호아."

"배우고 때로 익히면 또한 기쁘지 아니한가."
"오냐, 잘했다."
"아직 많이 부족합니다. 작은아버님!"
이황은 작은아버지를 존경하며 열심히 『논어』를 배웠다.

그리고 『논어』 중에서도 특히 「학이편」을 마음속

깊이 되새겼다.

집에 들어오면 아버지께 효도하고 밖에 나가서는 어른을 공경하며, 말에는 믿음이 있어야 한다. 또한 모든 사람을 사랑하되, 어진 사람과 가까이 지내야 할 것이니라.

어린 이황에게 이 글은 인생을 살아가는 데 등불이 되었다. 그는 그 뜻을 깊이 깨달아 자신도 그렇게 살겠다고 굳게 다짐했다.

이황은 작은아버지의 가르침을 열심히 익히며 꾸준히 노력한 끝에 『논어』를 완전히 이해할 수 있게 되었다.

그리고 학문이 어떤 것인가를 어렴풋하게나마 짐작하기 시작했다.

어느 날, 이황은 『논어』에 나오는 '이'라는 한자*에 대해 곰곰이 생각해 보았다. 그러나 자기 생각이 맞는지 도무지 알 수가 없었다.

한참 동안 고민하던 이황은 마침내 작은아버지에게 물

었다.

"작은아버님, 『논어』에 나오는 '이'라는 글자는 일에 있어서 옳음을 뜻하는 것입니까?"

조카의 질문을 들은 작은아버지는 기쁜 표정을 지었다.

"그렇다마다! 네가 이미 그 뜻을 이해하고 있구나."

작은아버지는 어린 조카에게 칭찬을 아끼지 않았다. 이황은 열두 살에 벌써 그 깊은 뜻을 깨달았다.

이 무렵, 이황의 형인 '해'도 작은아버지 밑에서 글을 배우게 되었다.

이해는 뒷날 문과에 급제하여 사간, 정언 등을 거쳐 직제학, 경상도 진휼경차관, 도승지 등을 역임하고 대사헌까지 오른 인물이었다.

한자

고대 중국에서 만들어져 우리나라와 일본 등에도 전파된 문자. 한족의 문자라는 말로, 각각의 글자가 뜻을 가지고 있는 표의 문자이다. 종종 한 글자가 몇 가지 뜻을 가지기도 하며, 두 글자 이상으로 하나의 낱말이 되는 예도 있다.

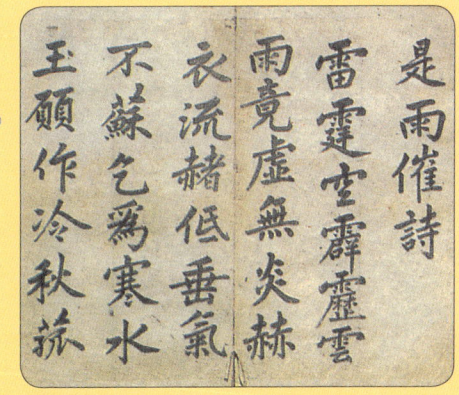

퇴계 이황의 한자 필법(보물 제548호)

이우는 형 이식이 장래가 촉망되는 아들들을 두고 일찍 세상을 떠난 것이 가슴 아팠다. 하지만 지하에서나마 그 사실을 알게 된다면 매우 기뻐할 것이라고 여겼다.

　　그는 특히 이황에게 큰 기대를 걸고 있었다.

　　"누가 뭐라고 해도 막내만은 틀림없이 우리 집안을 크게 빛내 줄 것이다."

　　하지만 그는 이황에게 『논어*』만 가르친 것이 아니었다. 교활한 성품으로 높은 벼슬자리에 오르는 것보다 늘 떳떳하게 사는 것이 중요하다고 말했다.

　　"막내야, 저 산에 있는 소나무를 보아라. 소나무는 울긋불긋한 꽃이 피는 것도 아니요, 쓸모 있는 열매를 맺지도 않지만 늘 저 모습을 잃지 않는단다. 매서운 바람이 불어

논어

공자의 가르침을 담은 사서『(논어』,『맹자』,『대학』,『중용』) 가운데 하나. 유교의 기본이 되는 경서로 공자의 언행 및 제자들을 비롯한 다른 사람들과의 문답을 엮은 책이다. 공자가 세상을 떠난 후 제자들이 모아 엮은 것으로 전해진다.

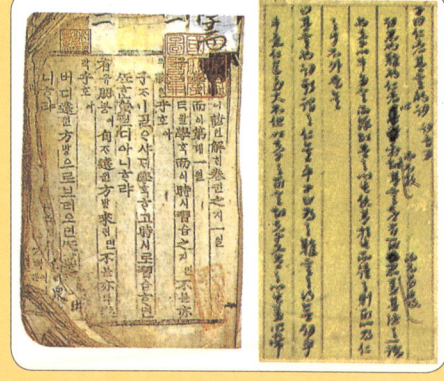

우리나라의『논어언해』(왼쪽)와 중국의『논어집주』(오른쪽)

대는 한겨울에도 푸른빛을 잃지 않고 당당한 모습으로 서 있지. 너도 저 소나무처럼 살아야 한다. 눈앞에 보이는 재물이나 명예 따위에 마음을 빼앗겨서는 안 된다. 부귀영화만을 쫓는 사람은 보기에도 추하고, 진실로 소중한 것을 잃게 마련이란다."

이황 역시 작은아버지의 가르침과 격려를 평생 한시도 잊지 않았다.

날이 갈수록 이황은 책 읽고 글을 짓는 즐거움에 푹 빠져들었다. 그는 한번 손에 쥔 책은 밤을 새워서라도 읽어 내고야 말았다. 그것도 건성으로 읽는 것이 아니라, 그 뜻을 곰곰이 되새겼기 때문에 하루가 다르게 실력이 늘어 갔다.

이황의 어머니는 그런 아들이 대견스러우면서도 한편으로 걱정이 되었다.

"애야, 건강을 해치면서까지 책을 읽어야 하겠느냐? 사람에게 무엇보다 소중한 것은 건강이다. 몸이 건강해야만 공부도 하고 장차 나라를 위해 일을 잘 할 수도 있는 것이지. 안 그러냐?"

이러한 어머니의 염려에 이황은 항상 밝은 표정으로 말했다.
"걱정하지 마세요. 별로 힘들지는 않지만, 어머님의 말씀을 명심하겠습니다."
어머니는 그런 아들을 흐뭇한 눈길로 바라보았다.

역사 속으로

오죽헌

　오죽헌은 조선 전기 민가의 별당과 같은 건물로 율곡 이이가 태어난 집이다. 오죽헌은 강릉에서 이름난 유학자인 최치운(1390~1440)이 지어 아들 최응현에게 물려주었다.

　최응현은 사위 이사온(사임당의 외할아버지)에게 물려주었고, 이사온은 다시 그의 사위 신명화(사임당의 아버지)에게, 신명화는 또다시 사위 권화에게 물려주면서 그 후손들이 관리해 왔다.

　그러던 중 1975년 오죽헌 정화 사업으로 문성사, 기념관 등이 건립되어 현재와 같은 모습을 갖추게 되었다. 율곡 이이가 태어난 방인 몽룡실은 현재 보물 제165호로 지정되어 보호받고 있다.

율곡 이이(1536~1584)

　1536년 12월 26일 외가인 강릉 북평촌(현재의 강릉시 죽헌동) 오죽헌에서 태어났다. 용꿈을 꾸고 태어났기 때문에 어렸을 때 이름은 현룡이었다. 어머니로부터 글을 배웠으며 논어, 맹자, 중

용, 대학 등도 스스로 공부하였다. 또한 아버지 이원수가 병이 나자 스스로 피를 내어 바쳤고, 어머니 신사임당이 죽자 어머니 묘소에서 3년 동안 지낼 정도로 효성이 지극했다.

13세 때 진사시에 장원으로 합격했으며, 19세 때 금강산으로 들어가 불교에 입문하려 했지만 20세 봄에 다시 강릉 외가로 돌아와 성리학에 전념하였다.

퇴계 이황과 함께 조선 시대 최고의 학자인 율곡 이이.

22세 때에는 성주 목사 노경린의 딸 노씨와 혼인을 하였으며, 23세 때 별시에서 <천도책>을 지어 장원 급제하였다. 26세 때 아버지 이원수가 죽자 어머니 무덤과 합장하였다. 29세 때 호조 좌랑에 올랐으며 그 뒤 예조 좌랑, 사간원 정언, 이조 좌랑, 사헌

부 지평, 홍문관 교리를 거치면서 왕의 두터운 신임을 받았다.

37세 때 모든 관직을 사직하고 파주 율곡리로 낙향하여『격몽요결』을 저술하고, 해주에 은병정사를 건립하여 제자 교육에 힘썼다.

그러나 45세 때 나라의 부름을 거절하지 못하고 대사간으로 다시 관직에 올라 호조 판서, 이조 판서, 형조 판서, 병조 판서 등의 중책을 맡으면서, 평소 주장했던 개혁안의 실시와 동인·서인 간의 갈등 해소를 위해 노력했다.

이때『기자실기』와『경연일기』를 완성하였으며 왕에게 '시무육조'를 지어 바쳤으며 전쟁에 대비하여 '십만 양병설'을 주장하였다.

그러나 이이가 주장한 개혁안은 신료들의 반대로 실천되지 못했으며, 동인·서인 간의 대립은 더욱 격화되었다. 48세 때 관직을 버리고 다시 파주 율곡리로 돌아와 다음 해 서울의 대사동 집에서 생을 마감하였다.

천재란 없다

 '천재란 타고나는 것이 아니라 스스로 노력하여 얻는 영예로운 이름이다. 그것은 흔히 머리가 좋은 사람을 일컫는 말이지만, 실은 남보다 더 노력하는 사람에게 주어지는 영광이다.'

 이황은 마음속으로 항상 이렇게 생각하며 꾸준히 노력했다. 그는 소년 시절에 시성이라고 불리는 도연명*의 시를 즐겨 읊었다. 이황의 사상과 성품 또한 도연명의 시에서 많은 영향을 받았다. 그는 열다섯 살 때 직접 시를 지었는데,

꿋꿋한 성품이 아주 잘 나타나 있다.

 돌을 지고 모래를 파니 저절로 집이 생기네 앞으로도 가고 뒤로도 가니 발이 참 많구나 한 움큼의 샘물로써 능히 살아갈 수 있으니 강과 호수에 물이 많음을 물어 무엇하리

 또한 다음과 같은 시도 전해져 오고 있다.

 이슬에 젖은 푸른 언덕 곱게 둘렀는데 작은 못 맑은 물엔 티끌 하나 없구나 구름과 새들 서로 어울려 좋지만 무심한 제비가 때때로 물을 찰까 마음 졸이네

도연명(365~427)

중국 동진 말기부터 송나라 초기의 시인. 연명은 자이며 이름은 잠이다. 그의 작품 가운데 자연을 읊은 것이 많은데, 그 시풍은 기교를 별로 부리지 않고 자연스러우면서도 아름답게 전원의 정경을 노래한 것이 특징이다. 한직을 전전하던 관직에서 물러나며 남긴 <귀거래사>가 유명하다.

도연명의 초상

이 시는 이황이 연곡이라는 곳에 놀러 갔다가 작은 연못의 물빛이 너무 맑은 것에 이끌려 지었던 작품이다. 이 시를 음미해 보면 그의 따뜻한 마음과 세밀한 관찰력을 엿볼 수 있다.

자연의 이치를 그대로 지닌 호수는 선비의 어진 마음이며, 제비는 자신만을 생각하는 짓궂은 사람에 비유했다.

그러므로 짓궂은 사람 때문에 행여 맑은 마음이 흐리게 될까 봐 두렵다는 이 시야말로 이황의 마음을 잘 표현한 것이라 하겠다.

이황이 이렇듯 훌륭한 시를 지을 수 있었던 것은 그동안 책을 많이 읽은 덕택이다.

이황의 외가에는 원래 책이 많이 있었는데 이황의 외할아버지가 세상을 뜨면서 사위이자 이황의 아버지인 이식에 그 책들을 물려주라 했다.

장인이 죽은 지 얼마 지나지 않아 이식은 장모가 자기를 찾는다는 말을 듣고 처가를 찾아갔다.

"장모님, 부르셨습니까?"

"어서 오게. 예부터 책이란, 글을 읽지 않는 사람이 욕심만으로 갖고 있는 것이 아니라 공부하는 선비에게 주어야 한다네."

이황의 외할머니는 이렇게 말하면서 이식에게 책을 전부 넘겨주었다.

"이게 전부 책이란 말입니까?"

"이제 이 책은 모두 자네의 것일세."

이황의 아버지 역시 책을 무척 아끼며 즐겨 읽었다. 그는 동생 이우와 함께 『경사백가』를 깊이 연구하여 많은 사람으로부터 존경을 받는 선비가 되었다.

그는 자신이 책을 사랑하였으므로 항상 자녀들에게도 그 소중함을 가르쳤다.

이황은 태어난 지 7개월 만에 아버지를 여의었기 때문에 그러한 가르침을 직접 받지는 못했다.

그러나 아버지가 남겨 놓은 수많은 책과 작은아버지 이우의 가르침 덕분에 올곧게 자랄 수 있었다.

한데 이황이 열일곱 살 나던 해에 작은아버지마저 세상

을 떠나고 말았다. 그를 친아버지처럼 따르며 존경했던 이황의 슬픔은 말로 다 표현할 수 없을 정도였다.

이황은 며칠 동안이나 눈물이 마를 새가 없었다. 뒷날 이황은 작은아버지를 추억하며 다음과 같은 글을 쓰기도 했다.

나의 작은아버지는 효자였고, 일찍 아버지를 여읜 조카들을 친자식처럼 아껴 주셨다. 그분은 어떤 어려움이 닥쳐도 절망하거나 조급해하지 않았으며, 불우한 이웃을 보면 진심으로 도와주었다. 또한 손에서 책을 떼어 놓는 법이 없어 매우 지혜로웠고 문장도 탁월했다. 특히 시에 능하여 아름다운 경치를 보면 어디서든 훌륭한 시를 짓곤 했다. 한 마디로 그분은 엄하면서도 자상하고, 늘 당당한 모습이었다.

이렇듯 이황이 작은아버지를 생각하는 마음은 지극했다. 그 후, 이황은 열아홉 살이 되어 『성리대전』이라는 송나라의 대표적인 철학 서적을 읽었다.

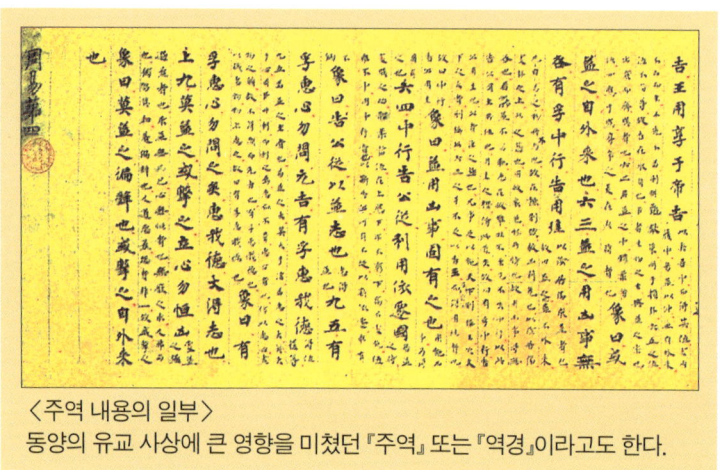

〈주역 내용의 일부〉
동양의 유교 사상에 큰 영향을 미쳤던 『주역』 또는 『역경』이라고도 한다.

그 책 덕분에 새로운 진리의 눈을 떴고 크나큰 감명을 받아 더욱 폭넓게 학문 연구를 할 수 있었다. 그리고 이듬해에는 『주역』에 흥미를 느껴 밤낮을 잊고 공부했다.

『주역』은 동양 철학의 가장 심오한 이치가 실려 있는 책으로, 다른 어떤 책들보다도 이해하기가 어려웠다.

이황은 식사도 거르며 『주역』에 깊이 빠져들었다. 그로 말미암아 평생 위장병을 앓았는데, 고기만 먹으면 체하여 늘 채소를 즐기게 되었다.

하지만 학문에 온 힘을 기울였기 때문에 실력은 나날이

발전했다.

그는 『주역』뿐만 아니라 진서산이라는 사람이 쓰고 황돈이 해설을 단 『심경부주』라는 책도 읽었다.

그런데 이 책은 송나라의 주자와 장자의 말을 기록한 어록이어서 다른 책들과 달리 이해되지 않는 부분이 많았다.

이황은 모든 것을 잊은 채 오직 『심경부주』의 뜻을 알아내는 데에만 전념했다. 여러 가지 책을 참고하며 연구해 보아도 좀처럼 그 뜻을 알 수 없었다.

그러나 이황은 끈질긴 노력으로 마침내 그 뜻을 완전히 알아낼 수 있었다. 그때의 기쁨은 이루 말할 수 없이 큰 것이었다.

'내 생각대로 천재란 따로 있는 것이 아니다. 나처럼 미련한 사람도 노력하면 결국 깨우치게 된다.'

이황은 『심경부주』를 통하여 학문의 진정한 이치와 깊은 맛을 알게 되었다. 그가 학문 연구에 자신감을 얻게 된 것도 그 책을 공부한 덕택이었다.

이황은 그때부터 일생 『심경부주』를 손에서 놓은 적이

없었다.

　나이가 들어 제자들을 가르칠 때도 『심경부주』를 이해시키는데 가장 큰 열성을 쏟았다.

　어느덧 이황은 스물한 살의 청년으로 성장했다. 하루는 어머니 박씨 부인이 이황을 조용히 불러 앉혔다.

　"애야, 네 나이 벌써 스물이 넘었으니 하루빨리 성혼해야 한다. 내가 봐 둔 혼처가 있으니 그리 알거라. 그리고 조만간 이곳을 떠나 한성으로 가서 공부하는 것이 어떻겠느냐?"

　이황은 느닷없는 어머니의 말에 깜짝 놀랐다.

　"어머님, 결혼을 좀 미루고 싶습니다. 제 학문이 아직 얕으니 공부에 더욱 전념한 다음에 해도 늦지 않다고 생각합니다."

　"아니다. 사람은 모름지기 생활이 안정되어야 큰일도 할 수 있는 법이다. 그러니 빠른 시일 내에 성혼하고 내년에는 한성으로 올라가거라."

　어머니는 이황의 생각이 옳지 않다고 여겼다. 그러나 이황도 자기뜻을 쉽게 굽히지는 않았다.

"어머니, 저는 이곳이 좋습니다. 물도 맑고 공기도 좋아 공부하기에는 이보다 적합한 곳이 없다고 생각합니다. 게다가 한성에 가서 공부하려면 돈도 많이 필요할 텐데……."

"내 이럴 줄 알고, 조금씩 절약해 모아 둔 돈이 있다. 그것을 가지고 성균관에 들어가 열심히 학문을 닦도록 하거라."

이황은 어머니의 깊은 사랑을 느꼈다. 그래서 더욱 열심히 공부하여 장차 어머니를 기쁘게 해 드려야겠다고 마음먹었다.

"어머님, 반드시 열심히 하겠습니다."

그러고 나서 얼마 뒤 이황은 혼인하게 되었다.

"색시가 진사 허찬의 딸이라면서?"

"허어, 이황이 참한 규수를 부인으로 맞아들이는구먼."

이듬해에는 아기도 태어났다.

"이 사람아. 고추야, 고추!"

"옛? 아들이라고요? 그렇다면 이름을 준이라고 지어야

겠군요."

 허 씨 부인은 천성이 착하고 부지런해 집안일은 물론이고 틈나는 대로 농사일까지 거들었다.

 또 밤이 늦도록 책을 읽는 남편 곁에서 바느질을 했다. 책 읽는 데 몰두해 있던 이황이 한참 만에 고개를 돌려 보면, 허 씨 부인 역시 단정한 자세로 자리를 지키고 있었다.

 이황은 자신 때문에 괜한 고생을 하는 허 씨 부인이 늘 마음에 걸렸다.

 "부인, 힘들 텐데 먼저 자리에 드시오. 나는 좀 더 책을 보다 자야 하겠소."

 이황이 그리 말하면 허 씨 부인은 수줍은 듯이 웃으며 대답했다.

 "괜찮습니다. 저야 뭐 하는 일이 있나요. 하루 종일 공부하느라 애쓰신 당신이나 어서 주무세요."

 이황은 그러한 허 씨 부인의 따뜻한 마음씨에 커다란 위안을 받았다.

한데 마침내 한성*으로 떠나야 할 날이 다가와서 이황은 하인 한 명과 더불어 집을 나섰다.

들녘에는 어느새 시원한 가을바람이 불며 곡식들은 황금빛으로 익어 가고 있었다. 사랑하는 가족들과 헤어진 것을 아쉬워하며 한동안 말없이 길을 걷던 이황이 하인에게 말했다.

"용아, 우리 이곳에서 잠시 쉬었다 가자."

"네, 서방님. 소인이 곧 저녁 진지를 지어 올리겠습니다."

하인은 집에서 준비해 온 쌀을 꺼내 냇가로 내려갔다.

이황으로서는 오랜만에 떠나는 여행길이었기 때문에 홀로 남게 되자 마음이 약간 설레기 시작했다.

"정말 평화로운 풍경이로구나. 이렇게 아름다운 들과 산

한성

한성은 원래 백제의 두 번째 도읍지의 이름으로 '큰 성'이라는 뜻을 지닌다. 지금은 경기도 광주의 옛 읍과 남한산성 지역을 가리키는데, 흔히 조선 시대 서울의 옛 이름으로 전해진다.

한성의 4대문 중의 하나인 숭례문

이 있는데 아직도 굶주리는 백성과 서로 헐뜯는 사람들이 있다니……."

이황은 병풍처럼 둘러쳐진 산천을 바라보자 감탄과 함께 한숨이 절로 나왔다.

그때였다. 쌀을 씻어 와 한참 저녁 준비를 하던 하인이 이황 곁으로 다가와 인기척을 냈다.

"서방님, 저녁 진지 다 되었습니다. 어서 드시지요."

하인은 김이 모락모락 나는 밥그릇을 공손히 내밀었다.

한데 이황이 시장기를 느끼며 수저를 드는 순간 하얀 쌀밥에 섞인 콩이 눈에 들어왔다.

"아니, 이게 웬 콩이냐?"

"아까 쌀을 씻으러 가다 보니 콩밭이 있길래 한 줌 따서 넣었습니다."

"남의 밭에 있는 콩을 훔쳤다는 말이냐?"

"훔친 것이 아니고, 그냥……."

"남의 밭에서 허락도 없이 가져왔으면 훔친 것이지, 무슨 변명을 하느냐? 어서 가서 콩밭 주인에게 값을 치르고 오너라. 그때까지 나는 이 밥을 먹지 않겠다."

"네, 알겠습니다."

하인은 부끄러움에 얼굴을 붉히며 밭 주인을 찾아가 콩 값을 치렀다. 그리고 나서야 이황은 수저를 들었다.

"용아, 아무리 들녘에 있는 콩 한 줄기라도 함부로 꺾으면 안 된다. 나 하나쯤이야 하고 생각하다 보면 너도나도 꺾을 텐데, 그러면 그 밭 주인에게 무엇이 남겠느냐? 남 생각도 해야지. 자, 어서 들자. 밥이 다 식었구나."

이튿날 아침, 이황과 하인은 험하기로 유명한 문경 새재를 넘어 한성으로 향했다.

〈문경새재〉
험준하기로 유명하여 새도 날아서 넘기 힘든 고개라는 뜻이다.
지금은 경상북도 도립공원으로 지정됐다.

역사 속으로

성리학의 완성

 세상의 이치를 깨치고 인생의 가야 할 길을 찾는 것에 학문의 목적을 두었던 이황은 이이와 더불어 성리학을 집대성한 대학자였다.

 성리학은 고려 말에 원을 통하여 들어온 조선 유학의 주류를 이룬 학문으로 정치·사회·문화·교육·도덕 생활의 기준이 되었다.

 성리학이 우리 학자들에 의하여 소화되고 우리 학문으로서의 특색을 보이게 된 것은 이황, 이이 등이 활동한 16세기 중엽 이후부터다.

 중종에서 선조에 이르는 동안 많은 학자는 거듭되는 사화로 정치에 싫증을 느끼고 고향에 내려가 학문 연구와 후진 양성에 전념하였다.

 정치에 싫증을 느낀 그들이었으므로, 학문에서도 실제적이고 정치적인 것보다는 이론적이고 정신적인 것을 더 깊게 연구하는 방향으로 달라지기 시작했다.

 그리하여 성리학은 비로소 우주와 인생의 근본이 무엇인가 하는 성리학 본래의 철학적인 학문으로 굳어져 갔다.

　우리나라의 성리학에는 두 갈래의 계통이 있는데, 하나는 주리설이고 또 다른 하나는 주기설이다.

　이언적이 먼저 주장한 주리설은 조식을 거쳐 이황 때에 이르러 완성되었다. 이황은 '동방의 주자'라고 불리는 대학자로서, 벼슬을 버리고 도산서원을 세워 많은 학문 연구와 후진 양성을 하였다.

　그는 사물의 법칙을 하나하나 깨우치는 것보다는 우주의 근본이 되는 생명력에 대한 깨우침이 더 중요하다고 보고 이것을 학문의 근본적인 방법으로 삼았다. 따라서 그는 생명력에 바탕을 둔 도덕적인 생각을 중요하게 여겼고, 내면적인 경험을 존중하였다.

　이러한 이황의 학문은 그 뒤 류성룡, 김성일, 정구 등의 제자들에 의하여 영남학파로 계통을 이어 갔다. 또한 일본에도 큰 영향을 주어 근세 일본 유학의 흐름을 이루었다.

　이황의 주리설과 대립하는 입장에 서 있던 것이 주기설인데, 이 주기설을 가장 먼저 내세운 사람은 서경덕이었으며, 기대승을 거쳐 이이에 이르러 완성을 보았다. 주기설은 우주의 근본을 객관적인 법칙에서 찾으려는 입장을 취하였으며, 학문에서도 외

부적인 경험과 학식을 존중하였다.

　주기설을 완성한 이이는 비단 학문뿐만 아니라, 붕당을 조정하고 임진왜란에 앞서 10만 양병설과 공물 납부법의 개혁(대동법)을 주장하였다.

　또한 교육 관계의 많은 규칙을 제정하였고, 정치·경제·국방 등 현실 문제에 대해서 여러 가지의 개혁을 주장하였는데, 이 모든 것이 주기설의 사상으로부터 나온 것이다.

　그 뒤, 주기설은 이이의 학문적 벗인 성혼, 송익필과 이이의 제자 김장생, 정엽 등으로 이어져 이른바 기호학파를 형성하기도 하였다.

〈자운서원〉
경기도 파주시 법원읍에 있으며 이이를 기리기 위해 창건한 서원이다.

진정한 학자

한성으로 올라온 이황은 스물세 살의 나이로 성균관에 입학하여 학문에만 온 힘을 기울였다.

그는 학문 탐구를 벼슬길에 오르기 위한 수단으로 생각하지 않고 우주의 진리를 찾는 길이라 여기며 정신 수양에 힘썼다.

하지만 이황의 그러한 생각과 행동은 당시의 좋지 못한 풍조에 젖어 있던 동료 선비들에게 많은 비웃음을 샀다.

"으응, 저 사람은 누구야?"

"글쎄 말이야. 쳇! 책만 들여다본다고 쌀이 나오나 돈이 나오나. 한심하긴……."

그 당시 학자들은 서로 파가 갈려 모함하고 싸우느라 정신이 없었다.

"넌 무슨 파냐?"

"그렇게 말하는 넌 무슨 파냐?"

"가만, 우리가 이렇게 난리굿을 벌이는데도 저 인간은 꼼짝도 안 하잖아?"

"흥, 정말 오로지 학문에만 열중할 뿐 어느 편도 들지 않고 있군. 쳇, 누가 알아준다고 저렇게 혼자 도도한 거야?"

하지만 이황은 그들의 말에 전혀 신경을 쓰지 않았다.

"서로 파를 나누어 아웅다웅하는 일은 나라의 장래에 결코 보탬이 되지 않아!"

이황은 한성에 올라온 다음 해에 주위 사람들의 간곡한 권유로 과거에 응시했다. 그리고 세 번이나 잇달아 낙방하는 불운을 맛보았는데도 조금도 실망하지 않았다.

'학문이 벼슬에 오르는 수단이 될 수는 없다.'

이황은 이렇게 마음속으로 자신의 믿음을 다지면서 조금도 학문을 게을리하지 않았다.

이황은 다른 선비들처럼 시험에 나올 내용만을 공부하기보다는 참다운 진리를 탐구하는 데 더욱 힘을 기울였다.

이러한 그의 태도가 역사에 빛을 남긴 대학자로서 성장하는 기틀과 힘이 되었음은 말할 것도 없다.

1528년, 이황은 성균관*에 입학한 지 5년 만에 진사시에 합격했다. 그러나 그는 이 시험의 합격을 대수로이 여기지 않았다. 그때 이황의 나이 스물여덟 살이었다.

그는 또 4년 뒤인 서른두 살 때 문과 초시에 합격하였고, 이듬해에는 경상도 향시에 장원 급제했다.

1534년 3월, 이황은 서른네 살의 나이로 드디어 식년과

성균관

고려 시대 이래 갑오개혁 때까지 최고의 교육 기관. 성균관이라는 이름은 고려 충선왕 때 '국학'을 고쳐 부른 데서 비롯되었으며, 공민왕 때 한동안 '국자감'이라고 부르다가 다시 성균관으로 고쳤다. 입학 자격은 생원, 진사 및 열다섯 살에서 서른 살 사이의 양반 자제들로서 수업 연한은 9년이었다.

조선 시대의 교육 기관인 성균관의 명륜당

에 급제해 벼슬길에 올랐다.

그가 처음에 오른 벼슬은 종9품인 부정자였는데, 얼마 뒤 정7품 벼슬인 박사로 뛰어오르고 정6품인 전적을 거쳐 호조 좌랑으로 승진했다.

그리고 벼슬길에 오른 지 5년 만인 1539년, 홍문관 수찬으로 자리를 옮겨 지제교와 검토관을 겸하였다.

지제교 벼슬은 나라에서 발표할 여러 가지 글을 책임지고 써내는 직책으로 문장에 능한 사람이라야 맡을 수 있는 벼슬이었다.

그 후 이황은 형조 좌랑으로 종5품인 승문원 교리를 겸직하고, 마흔두 살 때는 충청도 지방에 암행어사 임무를 띠고 나갔다.

성품이 강직한 그가 암행어사에 나섰으니, 탐관오리들의 횡포와 지방의 어려운 사정을 낱낱이 조정에 아뢰어 바로잡는 것은 당연한 일이었다.

"어디 슬슬 둘러볼까?"

이황은 허름한 옷에 괴나리봇짐을 지고 여러 고을을 돌

아보았다. 백성들의 표정을 살피고 이야기하는 것을 조금만 엿들어도 그 고을 수령이 어떻게 일을 하는지 알 수 있었다.

어느 날, 이황은 충청도 공주 지방에 이르렀다. 그 당시 공주를 다스리던 수령은 인귀손이라는 사람이었다. 한데 그는 조정의 높은 자리에 있는 친척을 믿고 제멋대로 나쁜 짓을 일삼고 있었다.

마침 식사 때가 되어 이황이 주막으로 들어서자, 대낮부터 술을 마시고 있는 몇 명의 농부들이 보였다. 그들은 누추한 행색의 이황을 흘끔 쳐다보더니 암행어사일 것이라고는 짐작도 못 한 채 이야기를 계속했다.

이황은 국밥을 시키고 나서 농부들 곁에 자리를 잡고 앉아 그들이 하는 이야기를 유심히 들었다.

"그자는 수령도 아니야. 어떻게 가난한 사람들의 것까지 탐을 내는지 모르겠어. 지난번에는 윗마을 김 씨의 소까지 빼앗아 잡아먹었다더군. 김 씨는

그 소가 전 재산인데 말이야."

"허허, 정말 큰일이군."

"그뿐 아니야. 어떤 노인은 시키는 대로 빨리 일을 하지 못한다고 죽지 않을 만큼 곤장을 맞았다더군. 어쩌다 우리 고을에 그런 못된 수령이 부임했는지……."

이황은 농부들의 이야기를 듣고 두 주먹을 불끈 쥐었다. 차마 국밥이 목구멍으로 넘어가지 않았다.

'가난하지만 착하기 그지없는 이 땅의 백성들을 괴롭히다니, 절대로 그냥 둘 수 없다!'

얼마 뒤, 한성으로 돌아온 이황은 공주에서 일어나고 있는 일들을 임금인 중종에게 보고했다.

"공주 수령 인귀손은 자신의 욕심만을 채우기 위해 죄 없는 백성들을 괴롭히고 있사옵니다. 부디 그자를 불러 벌하여 주소서."

이황의 말에 중종은 당장 명을 내려 인귀손을 벼슬자리에서 쫓아냈다.

이 소문은 순식간에 전국으로 퍼져 나갔고, 이 때문에 다른 벼슬아치들의 부정과 부패도 상당히 줄어들게 되었다.

이러한 이황에게도 불행한 일들이 있었다.
스물한 살 때 이황과 혼인하여 둘째 아들까지 낳은 허 씨 부인이 스물일곱 살의 나이로 이 세상을 떠났다.
이황은 오랫동안 아내를 잃은 슬픔에서 헤어나지 못했다.
"여보, 미안하오. 이렇다 하게 살아 보지도 못하고 영영 헤어지다니……. 못난 나 때문에 고생만 하다가 가는구려."
그 후 어린 아들들은 이황의 어머니가 맡아 뒷바라지했지만 허 씨 부인이 있을 때와 비교하면 집안 꼴이 말이 아니었다.
"이게 까불고 있어!"
"흥, 때려 봐!"
"아이고, 이놈들아! 이게 무슨 짓이냐? 이러면 안 된다. 형제간에 우애 있게 지내야지."
"할머니, 이놈이 먼저 대들잖아요."
"내가 언제 그랬어?"

"부인이 살아 있을 때와 비교하면 모든 게 다 엉망이로군. 그래, 애들을 위해서라도 다시 혼인을 해야겠어."

그리하여 이황은 마음을 정리하고, 권질의 딸을 새 부인으로 맞아들였다. 이때 이황의 나이는 서른 살이었다.

그러나 권 씨 부인마저 이황이 마흔여섯 살 나던 해에 세상을 뜨고 말았다. 천지가 무너지는 듯한 슬픔과 인생에 대한 허무함이 그의 가슴을 뒤흔들었다.

권 씨 부인까지 세상을 떠난 후, 이황은 마흔여덟 살이 되어 단양 군수로 임명되었다. 그리고 그해 늦가을에 경상도 풍기 군수로 자리를 옮겼다.

그는 풍기 군수 시절 교육 사업에 관심을 두어 주세붕이 최초로 세운 백운동서원을 소수서원이라고 사액하도록 애썼다.

그런데 이황의 앞길에는 크나큰 슬픔이 또다시 기다리고 있었다. 일찍 홀몸이 되어 갖은 고생을 하며 자식들을 훌륭하게 키워 낸 어머니가 세상을 떠나고 만 것이다.

이황은 한동안 정신이 나간 듯했다.

숱한 어려움 속에서도 자식들을 올바른 길로 이끌어 준 어머니에 대한 추억과 효도 한번 제대로 해 보지 못했다는 자책감이 그를 괴롭혔다.

 이황은 서둘러 고향으로 달려갔다. 그리고 형제들과 함께 눈물 속에 장례를 치렀다. 그는 누구나 언젠가는 이 세상을 떠나게 마련이라는 사실을 잘 알고 있었지만, 자꾸만 솟구치는 슬픔을 억누를 수가 없었다.

 그는 장례가 끝나자 무덤 옆에 여막을 짓고 3년 동안 살았다. 그 후, 이황은 둘째 아들까지 잃는 슬픔을 맛보았다. 자꾸만 꼬리를 물고 이어지는 불행에 몸과 마음이 지칠 대로 지쳤다.

 게다기 이황은 본래 벼슬을 좋아하지 않는 성품이라 하루빨리 답답한 현실에서 벗어나고 싶었다. 따뜻한 고향의 품에 안겨 책을 읽고 사색에 잠기는 평화로운 생활이 몹시 그리워졌다.

 이황은 마침내 마흔아홉 살이 되던 해에 벼슬을 내놓고 고향으로 돌아왔다. 그리고 이듬해 2월이 되자, 시냇가 한

쪽에 한서암이라는 정자를 짓고 거기서 독서로 세월을 보냈다. 이황은 한서암을 다 지은 뒤 시 한 수를 읊었다.

시냇가 바위에 초가를 지으니
돌 틈에 붉게 핀 꽃들이 보이네
허송세월에 조금 늦기는 했지만
아침에 밭 갈고 저녁에 책 읽는 일 즐겁구나

이황이 한서암에 머물고 있다는 소문은 순식간에 멀리까지 퍼져 나갔다.
그러자 제자가 되기를 원하는 사람들이 모여들었다.
"아이고, 이 많은 사람이 제자가 되기를 원해 팔도에서 모여들었단 말인가?"
이황은 제자든 하인이든 똑같이 인격을 존중해 주었다.
"스승님은 많은 사람을 만나는 것도 힘들 텐데, 어떻게 늘 웃는 얼굴로 사람을 대하실까?"
누구를 대하더라도 높은 벼슬에 있는 선비들을 대할 때

와 조금도 다름이 없었다.

물론 제자들의 이름을 함부로 부르는 적도 없었다.

"스승님, 제 의견은 스승님의 의견과 다릅니다."

"허허, 그래. 어려워하지 말고 편하게 이야기해 보게."

"이 사람아, 감히 스승님의 의견에 반대를 하다니……."

'아! 스승님은 아랫사람이라고 자신의 기분대로 대하시는 분이 아니구나.'

이황은 하인을 부리는 데 있어 가족들에게 다음과 같은 주의를 주었다.

"하인들이 잘못을 범했을 때는 마땅히 꾸짖어야 하나, 기분이 상하지 않도록 조심하거라. 그들도 우리와 같은 사람이니 성의껏 대해야만 사이가 좋아지는 법이다."

이황은 한 마디로 학문을 익히고 그것을 실천하는 데 어긋남이 없는 사람이었다.

이황의 그러한 성품은 재산과 관계된 일에도 변함이 없었다. 자신의 밭 한가운데로 사람들이 마구 지나다니는 것을 알고도 얼굴 한번 찡그리지 않았다.

오히려 그것을 막으려는 하인들을 불러 조용히 타일렀다.

"그 밭이 내 것이기는 하나, 여러 사람이 편할 수 있다면 피해를 감수해야 한다. 나 하나 때문에 다른 사람들이 먼 길을 돌아가느라 고생해서야 되겠느냐?"

그러자 하인들은 채소가 짓밟혀 도저히 먹을 수 없다면서 고집을 부렸다. 이황은 그 말에도 자기 생각을 분명히 밝혔다.

"내가 채소를 좀 덜 먹으면 된다."

이황의 넓은 아량에 하인들은 더 이상 아무 말도 하지 못했다.

그러한 이황의 인품과 덕망은 점점 세상에 널리 알려져 한서암은 제자가 되려고 찾아온 사람들로 늘 북적거렸다.

하지만 그런 생활도 이황의 재주를 아까워하는 조정의 간곡한 요청 때문에 결국 끝나고 말

앉다.

　이황은 다시 정3품 대사성 벼슬에 임명되었고, 쉰여섯 살에는 홍문관 부제학을 지냈다.

"아, 이황 어르신이시다."

"이번에는 형조와 병조 참의를 거쳐 충주 부사가 되셨대."

　그 후에도 이황의 벼슬길은 탄탄대로처럼 펼쳐졌고, 공조 판서에 이어 예조 판서에 오르더니 예순 여덟 살 때에는 판중추 부사로서 대제학을 겸하였다.

"대제학이 뭐지?"

"글공부를 한다는 선비가 그것도 모르다니……. 음, 대제학이란 홍문관에 딸린 정2품의 높은 벼슬이라네."

　이황은 예순아홉 살 때 다시 모든 벼슬자리에서 물러나 한성을 떠났다. 35년 동안에 걸친 오랜 벼슬 생활을 하면서 좋은 관직에 골고루 임명되었으나 결코 그 자리에 연연해하지 않았다.

　중종의 뒤를 이어 왕위에 오른 명종 역시 이황이 고향으로 내려가는 것을 안타까워했다. 명종은 왕자였을 때부터 이황의 덕망과 재주를 흠모했다.

　명종은 문신들이 시를 짓는 시험을 볼 때 '어진 이는 불러도 오지 않는다.'라는 제목을 주어 이황을 그리워하는 마음을 드러내기도 했다.

　사실 임금의 손길을 뿌리치고 고향으로 내려갈 때 많은 신하가 무례를 범하는 것이라고 말했다. 하지만 이황은 때를 놓치면 영영 벼슬 자리에서 물러날 수 없다고 생각했던 것이다.

　이황은 처음부터 벼슬에 뜻이 있는 사람은 아니었다. 그 당시 유학*자의 본분이 임금을 섬기며 나라를 다스리는 것이었기 때문에 어쩔 수 없이 벼슬을 했다.

　만야 주위 사람들이 이황에게 과거 시험을 보아야 한다

유학

공자의 가르침을 근본으로 삼는 학문. 공자를 비롯한 그 제자들의 가르침인 경전과 후세 학자들의 체계적이고 학문적인 연구성과를 뜻한다. 유학은 인식, 실천, 수양 가운데서 실천을 인격 완성을 위한 필수 요건으로 강조한다.

주자학을 들여왔던 고려 시대의 유학자 안향의 초상

고 재촉하지 않았더라면 그는 고향에서 학문을 연구하는 데에만 전념했을 것이다. 그것은 그가 학문의 길에서 느끼게 되는 기쁨을 가장 큰 가치로 생각하고 있기 때문이었다.

　이황은 고향에 내려와 머물면서 높은 벼슬자리에 있었던 티를 조금도 내지 않았다.
　신분이 다른 사람들과도 잘 어울렸으며, 품앗이할 일이 있을 때는 서슴지 않고 앞장을 섰다.
　이황은 우리나라 성리학을 완성한 대 유학자로 이이와 함께 쌍벽을 이루었다.
　그는 '성(誠)'을 근본으로 삼고 평생 '경(敬)'을 실천하였는데, 늘 부지런하고 깊이 있게 연구하는 것을 학문 탐구의 기본자세로 삼았다. 또한 선과 악이 섞이지 않은 측은지심·수오지심·사양지심·시비지심의 사단은 '이(理)'에서 나오는 마음이며, 선과 악이 섞인 기쁨·노여움·사랑·즐거움·슬픔·미움·욕심의 칠정은 '기(氣)'에서 비롯된다는 '사단 칠정론'을 주장하기도 했다.

그리하여 이황의 학풍은 기호학파와 함께 유학 연구의 두 기둥이 된 영남학파를 이루었다.

기호학파는 이이를 중심으로 하여 그의 제자들이 주류를 이루었던 학파였다.

그러나 이황은 학문적인 의견 차이로 편을 갈라 논쟁을 일삼는 것은 옳지 않은 일이라고 생각했다. 그리하여 풍기 군수로 있을 때 인연을 맺었던 백운동서원에서 글을 가르치고 학문을 연구하는 데에만 온 힘을 기울였다. 아울러 자신들의 이익만을 위한 논쟁의 나쁜 점을 임금에게 아뢰기도 했다.

그 후, 이황은 좀 더 폭넓은 학문 탐구를 위해 쉰일곱 살 때부터 도산서원을 짓기 시작하여 5년 만에 완성했다.

도산서원이 채 완성되기도 전에 곳곳에서 이황의 가르침을 받으려는 많은 선비가 모여들기 시작했다.

이황은 그 선비들을 제자로 삼아 강의를 했을 뿐만 아니라, 자주 토론을 하여 자신이 독단에 빠지지 않도록 노력했다.

〈도산서원〉
서원 안에 이황이 많은 제자들을 양성했던 도산서당이 있다.

그 많은 제자들이 수없이 질문을 해도 늘 성의 있게 생각하고 대답했다. 이런 이황의 모습에 제자들은 깊은 존경심을 가졌다.

도산서원에는 '완락재'라는 서재가 있었다.

그의 서재인 완락재 안의 네 벽은 모두 책들로 가득 차 있었다.

"허허, 남은 공간이라고는 혼자 겨우 앉아 있을 만큼의 공간밖에 없군."

제자들은 이러한 스승의 서재가 너무 초라하다고 생

각했다.

"여보게, 스승님의 인품이나 학식에 비해 방이 너무 볼품없지 않나?"

"맞아, 나도 그렇게 생각했었네."

어느 날 보다못한 제자가 말했다.

"스승님, 이 방은 대 유학자의 서재로는 어울리지 않습니다. 좀 더 큰 방으로 옮기시는 것이 어떻겠습니까?"

"허허, 이 방이 좁다고? 선비가 학문 탐구만 열심히 하면 됐지, 서재가 넓든 좁든 무슨 상관인가. 나는 이 방으로도 부족함이 없네."

"아, 스승님의 청렴함 앞에서는 고개가 절로 숙어지는구나."

이황의 청렴함에는 제자들도 더 이상 말을 잇지 못했다. 그리고 그를 스승으로 모신 것을 크나큰 기쁨으로 여겼다.

어느 날, 도산서원으로 율곡 이이가 찾아왔다. 그때 이황의 나이는 쉰여덟 살이었고, 이이는 스물세 살이었다.

이황과 이이의 만남은 나이 차이가 별로 부담이 되지 않았다. 이이 역시 검소한 생활을 하며 학문을 닦는 데 온 힘을 기울였으므로, 두 사람은 마치 오래 사귄 친구처럼 대화가 잘 통했다.

이황과 이이는 함께 학문을 토론하고 시를 지으며 며칠을 보내고 나서 스승과 제자의 인연을 맺었다. 이이는 그 후에도 며칠 더 도산서원에서 지낸 다음 강릉으로 떠나게 되었다.

"스승님, 이만 돌아가겠습니다. 그러나 마음만은 늘 스승님 곁에 있을 것입니다. 마지막으로 제게 좌우명으로 삼을 만한 글귀를 내려 주십시오."

그러자 이황은 정색하며 말했다.

"원, 별말씀을 다 하시는군요. 그대처럼 총명하고 예의 바른 선비에게 더 이상 무슨 가르침을 주겠소."

그러나 이이도 물러서지 않았다. 언제 다시 보게 될지 모르는 스승의 체취를 글로써나마 간직하고 싶었다.

이황은 한동안 생각에 잠기는 듯하더니 고개를 끄덕였다.

"그렇다면 좌우명으로 삼을 가르침이라기보다, 그저 당

부하고 싶은 바를 짧게 적어 드리겠소."

그러고 나서 곧 붓을 들어 힘있게 글씨를 써 내려갔다.

마음가짐을 곧게 하여 자신과 남을 속이지 말 것이며,
벼슬에 올라 백성들을 위해 일할 때는 늘 신중하라.

이황은 남달리 총명한 이이가 권력에 맛을 들여 교만해질까 봐 걱정이 되었다.

이이 역시 이황의 그러한 마음을 충분히 이해했다. 그래서 그 글귀가 적힌 종이를 가슴 깊이 간직하고 도산서원을 떠났다.

그 후, 명종 말년에 권력을 잡았던 간신들이 물러나고 어진 선비들이 벼슬에 올라 이황을 다시 조정으로 불러들이라고 임금에게 건의했다.

그러나 이황은 끝내 벼슬길에 오르지 않겠다고 사양했다. 그러자 당시 영의정이었던 이준경은 크게 아쉬워하며 탄식했다.

"이황은 마치 산새와 같아서 새장에 가둬 기르기가 정녕 어렵구나!"

이것은 안락한 생활에 길들어 진실로 소중한 것을 잊지 않으려 했던 이황의 성품을 잘 비유한 말이다.

이황은 부와 명예에 얽매여 학문을 소홀할 수 없다고 생각했다.

역사 속으로

사림의 성장과 사화

사림은 성종 때를 전후해 등장한 새로운 정치 세력을 말한다. 영남과 기호 지방에 사회적·경제적 기반을 두고 성장한 사림은 성리학의 철학·문학·사학을 연구하면서 독자적인 학문 영역을 마련했다. 이들은 우주의 질서와 인간 심성의 문제를 연구하는 성리학을 학문의 주류로 삼고, 훈구 세력의 학풍과는 달리 경학을 중시했다.

사림은 성리학 이외의 학문이나 사상을 이단으로 배격했다. 그리고 중앙 집권 체제보다는 향촌 자치를 내세웠다. 또한 사림은 도덕과 의리를 바탕으로 하는 왕도 정치를 강조했다. 이처럼 사림은 새로운 정치 명분과 폭넓은 지지 세력을 확보하여 3사에서 언론과 문필직을 담당하며 정치력을 발휘했다.

과거를 통해 중앙 정계에 새로이 진출한 사림들이 기존의 집권 세력인 훈구파와 대립하게 되는 것은 당연한 결과였다. 새로운 세력인 사림에게 있어 훈구파는 오랜 집권으로 모순을 드러내어 제거해야 할 개혁의 대상이었다.

성종은 합리적이고 온건한 유교 정치를 회복하기 위하여 신망이 높은 영남 출신의 김종직과 그 제자들을 대거 등용하여 주로 언론 기관에 배치하고 정책을 비판하도록 하였다. 따라서 그동안 꾸준히 성장해 온 사림이 중앙 정계에 본격적으로 진출하게 된 것이다.

조광조 추모비

사림은 국가 재정을 확보하고 이와 동시에 자신들의 경제적 입지를 강화하기 위하여 훈구 세력의 대토지 소유를 비판하고 나섰다. 사림의 주장에 성종이 동조하면서 그들의 정치력은 강화되었다. 그러나 사림을 옹호하던 성종이 죽고 연산군이 즉위하자, 훈구 세력은 무오사화와 갑자사화를 일으켜 사림을 공격하였다. 이로써 사림은 큰 피해를 보게 되었다.

연산군을 몰아내고 즉위한 중종은 사림을 다시 중용했다. 조

　광조를 중심으로 한 사림파는 왕도 정치의 실현을 목적으로 한 개혁 정치를 실시하였다. 이를 위해 천거를 통해 관리를 선발하는 현량과를 설치해 사림을 대거 등용하게 되었다. 사림파는 불교·도교와 관련된 종교 행사를 폐지했다. 또한 그들은 소학 교육을 통해 유교적 가치관을 생활화하도록 하였고, 향약의 전국적 시행을 추진하여 향촌 자치를 추구했으며, 공납제의 폐단도 시정하고자 했다. 즉 사림파 세력을 확대하고 성리학의 원칙에 따르는 사회를 건설하려 한 것이다.

　하지만 또다시 훈구 세력이 들고 일어나 기묘사화가 발생했고, 다시 많은 사림이 희생되었다. 이 뒤에도 사림파는 인종의 외척(대윤)과 명종의 외척(소윤) 사이의 정치적 갈등에서 비롯한 을사사화에서도 해를 입었다. 한 마디로 사화는 사림파와 훈구파 사이의 대립이라 할 수 있다.

　사림은 오랜 기간에 걸쳐 일어난 네 차례의 사화로 큰 피해를 보았지만, 그럼에도 불구하고 이들은 완전히 몰락하지 않았으며, 향촌의 서원과 향약을 바탕으로 꾸준히 성장해 갔다.

퇴계의 시

이황은 학문에 몰두하는 가운데에도 틈틈이 시를 지어 자신의 마음을 표현하려고 했다.

초당에 홀로 많은 책을 사랑하며
사색에 잠기어 지낸 지 십여 년이 넘었구나
그런대로 세상 이치에 마음이 통한 듯해
내 마음 걷잡아 하늘을 보노라

그는 또 한성에서 관직 생활을 하던 서른여섯 살 때 <감춘>이라는 시를 지었다.

세 번째 맞는 도읍의 봄은
말이 멍에를 쓴 것 같구나
내가 정녕 무슨 도움이 되었던가?
밤낮으로 임금님 은혜에 부끄러워라
내 집은 낙동강 상류
기쁨이 넘치는 한적한 마을
이웃은 모두 농사를 짓고
닭과 개는 울을 지키며,
조용한 책장에는 서적들이 가득 차
푸른 연기 붉은 놀 산수에 비치는 곳
시내에는 물고기, 숲에는 온갖 새
소나무 아래에는 학이 깃들인다
즐거워라 산 속에 사는 사람이여,
돌아가서 술을 빚을 것인가?

이와 같은 시에도 나타나 있듯, 이황은 자연과 학문에 묻히고 싶은 생각뿐이었다. 그는 미련 없이 벼슬을 버리고 고향으로 돌아와 인가가 많지 않은 곳에 거처를 마련했다.

이때, 집 앞을 흐르던 시냇물인 토계를 퇴계로 고치고 자신의 호로 삼았다. 여기에는 벼슬길에서 아주 물러나 살고 싶다는 소망도 담겨 있었다.

이황은 군수로 있을 때도 조정 가까이 머물기가 싫어 먼 지방으로 옮겨 가기를 자원했다. 다른 사람들은 지방에서 조정으로 들어오려고 애를 쓰는데, 오히려 그는 외딴 지방으로 가서 학문에 몰두하려고 했다.

그는 처음에 경상도에서 경치가 아름답기로 이름 난 청송을 원했지만, 뜻대로 되지 않아 충청도 단양 군수가 되었다.

그러나 그는 그것만으로도 매우 기뻐하며 그 심정을 시조로 나타냈다.

"이 얼마나 좋은 산수냐! 이 심정을 시 한 수로 표현해야 하겠다."

청송 백학에는 비록 이르지 못했으나

푸른 물 울창한 산에 진실로 인연이 있네

또 이렇게 시와 연관되는 이야기로는 그가 마흔아홉 살이 되어 고향에 거처를 정할 때의 일이 있다.

"으음…… 여기 하면동에 터를 정하자."

그러나 집을 다 짓기 전에 죽동으로 터를 옮겼다.

"예? 또 옮기신다고요?"

"여기에는 시냇물이 없어서 안 되겠어."

그리고 토계 쪽으로 또다시 옮겨 한서암을 지은 것이다.

"어떠신가요?"

"음, 이제야 내 마음에 드는구나."

예로부터 유학과 산수는 서로 깊은 관련이 있었다.

많은 유학자가 한적하고 맑은 물이 흐르는 깊은 산 속에서 수양했기 때문이었다.

그 후, 도산서원을 짓기 위해 터를 마련한 곳도 산수가 깨끗하고 경치가 매우 좋았다.

이황은 도산서원에서 지내는 동안 은둔자 같은 삶을 예찬한 시를 짓기도 했다.

그중에서도 예순다섯 살 때 지은 <도산십이곡>이라는 작품이 유명하다. 그 가운데 일부를 옮겨 보면 다음과 같다.

(제1곡)
이런들 어떠하며 저런들 어떠하리
초야 우생이 이렇다고 한들 어떠하리
하물며 천석고황을 고쳐 무엇하리오
(제11곡)
청산은 어찌하여 만고에 푸르르며
유수는 어찌하여 주야에 끊이지 않은가
우리도 그치지 말아 만고 상청하리라

이 시에는 자연의 이치에 순응하며 학문에 정진하고자 했던 이황의 마음이 솔직하게 드러나 있다.

이황은 오로지 학문에 큰 관심을 기울였을 뿐이지만, 나라를 사랑하는 마음도 어느 충신 못지않았다.

그렇기 때문에 암행어사로서 민정을 살펴볼 때도 나라를 좀먹는 탐관오리의 숙청에 서릿발 같은 태도로 두려움 없이 앞장섰다.

임금도 이황의 말이라면 철석같이 믿고 당장 탐관오리들을 잡아다가 엄하게 벌하여 백성들의 소원을 풀어 주었다. 불의에 절대 타협하지 않았던 이황은 암행어사 시절 내내 탐관오리들의 간담을 서늘하게 했다.

이황은 누가 뭐라고 하든 자신의 신념과 의지를 굽히지 않고 목표를 향해 끊임없이 나아갔다. 그가 나라를 사랑하는 마음은 조정의 어떤 큰 세력 앞에서도 변함이 없었다.

이 무렵, 선비들은 서로 어울려 지내지 못하고 세력 다툼을 일삼았다. 나라를 위해 올바른 의견을 주장하는 선비들이 간사한 무리의 모함으로 화를 입은 사화*도 여러 번 일어났다.

그중 무오사화(1498), 갑자사화(1504), 기묘사화(1519), 을사사화(1545)는 대표적인 4대 사화이다.

특히 을사사화는 이황이 암행어사 임무를 끝내고 대사성 벼슬에 있을 때 일어났다.

그 시절, 조정은 몹시 어수선했다.

당시 임금이었던 중종은 장경왕후와 문정왕후에게서 각각 뒷날 인종과 명종이 되는 왕자를 얻었는데, 그 외삼촌들이 세력 다툼을 벌였다.

인종이 외삼촌인 윤임과 명종의 외삼촌인 윤원로, 윤원형 형제는 '대윤'과 '소윤' 두 패로 갈리어 싸움을 일삼았다.

그때, 중종이 세상을 떠나고 인종이 새롭게 왕위에 올랐다. 하지만 그 역시 여덟 달 만에 세상을 떠나 명종이 그 뒤를 이었다. 중종이 승하한 슬픔이 채 가시기도 전에 인종마저 세상을 떠나자 조정은 더욱 혼란스러워졌다.

사화

성종 이후, 삼사를 비롯하여 조정에 진출한 사림들이 훈구파에 대립하여 일으킨 정쟁. 사화로 인하여 사림파는 심한 타격을 받았으나 향촌에 확고한 사회적 기반을 갖추고 있었기 때문에 선조 때에 이르러 다시 정치 무대로 나섰다.

갑자사화에서 죽임을 당했던 김굉필을 기리는 도동서원

명종이 임금의 자리에 오르고부터는 그의 외삼촌인 윤원형이 막강한 권력을 쥐게 되었다.

 윤원형은 평소에 뜻을 같이하던 이기와 함께 윤임을 쫓아낼 음모를 꾸몄다.

 "그동안 눈엣가시처럼 여겼던 윤임을 쫓아 내자!"

 그리하여 마침내 을사사화가 일어나게 되었다.

 을사사화가 일어난 다음 해에 이황은 이기의 모함으로 벼슬길에서 물러났다.

 하지만 윤원형과 이기를 따르던 사람들 가운데에도 이황을 흠모하는 사람들이 많았다. 특히 임백령이 단호한 목소리로 그 잘못을 지적했다.

 "이황의 성품이 곧고 학문이 깊다는 것은 많은 사람이 인정하고 있습니다. 그를 쫓아낸다면 백성들의 원성을 면할 수가 없습니다."

 게다가 이원록은 임금에게 이황의 관직을 되돌려 주어야 한다고 상소를 올리기까지 했다.

 그러자 평소에 이황의 뛰어난 인격과 재주를 신임해 온

명종은 그를 다시 불러 사복시정이라는 벼슬을 내렸다.

그해 7월, 왜적들이 여러 차례 화친을 요청해 왔다. 하지만 조정에서는 인종의 장례도 있고 민심이 불안한 때인지라 그 청을 거절하려고 했다.

많은 신하 가운데 그 누구도 반대하는 사람이 없었다. 오로지 이황만이 진정으로 나라를 위하는 길이 무엇인가를 곰곰이 생각한 끝에 임금에게 아뢰었다.

"이전에 삼포의 왜적들이 난을 일으켜 변장을 살해한 일이 있어 우리는 그들을 토벌한 후 내왕을 끊은 바 있사옵니다. 그러나 지금의 정세는 분명히 다릅니다. 요즘 우리는 북쪽의 오랑캐와 사이가 무척 나빠져 있습니다. 이런 때에 만일 오랑캐와 왜적들이 한꺼번에 쳐들어오면 어떻게 대처할 것입니까? 그런데도 조정에서 왜적들이 애걸하는 화친의 청을 거절한다고 하니 걱정이 됩니다. 이 나라의 근본은 누가 뭐라고 해도 백성입니다. 백성들이 안심하고 살아갈 수 있어야 진정으로 훌륭한 나라라 할 수 있지 않겠사옵니까? 이번 결정은 백성들의 안전과 관계되는 일이니,

조정의 신하들과 깊이 의논하시어 백성들이 어려움에 빠지지 않도록 헤아려 주소서."

그는 이어 '교만한 아들이 어미를 꾸짖는다.'라는 속담을 예로 들어 왜적을 대하는 데 있어 한시도 마음을 놓으면 안 된다고 임금에게 아뢰었다.

지나치게 잘 대접해 주면 더욱 기세가 오르고 오만해진다는 경계와 함께 현명한 대처 방법을 상소했다.

나라를 걱정한 이황의 마음은 황준량이라는 이에게 준 글에서도 엿볼 수 있다.

남북의 큰 불길이 조선으로 밀려들고 있는데, 아무리 둘러보아도 믿을 만한 사람이 없구려.

이 나라가 전쟁에 휩싸이면 산림에 묻혀 학문하는 즐거움인들 어찌 누릴 수 있다고 장담하겠소?

모든 일은 나라가 튼튼해진 뒤에 이루어지는 것, 오랑캐와 왜적을 어떻게 막을 것인지 참으로 염려되는구려.

이황이 상소를 올린 이듬해, 호남 지방에 왜적이 침범하여 노략질을 한 일이 발생했다. 그러나 수군이 제주 앞바다에서 왜선 70여 척을 크게 무찔러 다시는 조선 땅을 넘보지 못하도록 했다.

이 소식을 들은 이황은 밤을 지새우며 어린아이처럼 기뻐했다. 화친을 애걸하면서도 한편으로는 노략질을 일삼는 왜구를 무찌른 것이 너무나 통쾌했기 때문이었다.

평소에는 돌같이 차가워 보이는 대학자의 마음속에 언제나 나라를 사랑하는 뜨거운 마음이 가득 차 있었다.

그는 서울을 떠나기 1년 전인 예순여덟 살 때, 「성학십도」와 그것을 올리는 까닭을 글로 써서 선조에게 바쳤다.

「성학십도」는 열 폭밖에 안 되는 간단한 글이지만, 유학의 근본 원리와 실천 방법을 낱낱이 적은 귀중한 것으로 이황의 사상을 한눈에 들여다볼 수 있는 작품이었다.

그것은 이황이 일생 힘을 기울인 수많은 저서 가운데에도 가장 큰 정성을 들인 역작이었는데 임금의 성은에 보답하기 위해 쓴 것이었다.

"음, 이황 필생의 역작이라고?"

"예. 그러하옵니다, 전하."

"오! 과연 그렇도다. 한 마디로 「성학십도」는 이황의 거룩한 성품이 잘 나타나 있는 책이로다! 또한 나라를 사랑하는 마음이 책 구절구절에 잘 나타나 있구나."

또 이황은 사화와 붕당의 피해가 얼마나 무서운 것인가를 기회 있을 때마다 임금에게 아뢰었다.

조정 대신들은 한결같이 패를 나누어 권세를 잡기 위해 쓸데없는 싸움을 일삼고 있사옵니다. 이긴 자는 군자가 되고 진 자는 소인이 되어 피를 흘리는 그러한 권력 다툼이 얼마나 더 계속되어야 하옵니까? 전하는 마땅히 충신과 간신을 구별하여 이 나라의 앞날을 맡기시고, 항상 옳은 주장에 귀를 기울여 주소서.

설령 전하의 생각과 다른 주장이 있더라도 그 주장을 펼친 이에게 벌을 주지 않아야 참다운 공론을 들으실 수 있을 것이옵니다.

이렇듯 이황은 윗사람에게 언제든지 자유롭게 말할 수 있는 길을 터놓아야만 옳은 정치를 할 수 있다고 주장했다.

선조는 이황의 뜻을 갸륵하게 생각하며 가슴속 깊이 새겼다.

또한 그가 올린 「성학십도」를 병풍으로 만들게 해 큰일에 부딪힐 때는 항상 그것을 거울삼아 정치를 펴나갔다.

선조 역시 선왕이었던 명종과 마찬가지로 이황을 몹시 아꼈다. 그래서 몇 번이나 벼슬을 내리려고 했지만, 그때마다 이황은 몸이 아프다는 이유로 받아들이지 않았다.

그러나 선조도 좀처럼 물러설 줄 몰랐다. 어질고 학문이 깊은 사람이 자신 곁에서 옳은 말을 해 주어야만 나라가 온전하게 발전할 수 있다고 여겼기 때문이다.

이황은 한 달이 멀다 하고 거듭 사람을 보내는 선조 때문에 할 수 없이 한성으로 올라왔다.

그는 대궐에 들어서자마자 임금 앞에 꿇어앉아 인사를 올리고 부르심에 늦은 것을 꾸짖어 달라고 했다. 하지만 선조는 입가에 미소를 머금으며 여러 가지 중요한 벼슬을 이황에게 내렸다.

　이황은 그 자리에서도 또다시 사양의 뜻을 밝혔다. 몸이 너무 좋지 않아 도저히 관직에 충실할 수가 없다는 말도 했다. 그러자 선조는 유명한 의원까지 딸려 주면서 이황을 설득하려고 했다.

　이황은 선조의 성은에 감격했지만, 자기 뜻을 포기할 수는 없었다. 그래서 훌륭한 학자로 남고 싶다는 생각을 선조에게 다시 간절히 전했다.

　그 말에 선조는 더 이상 물러서지 않을 수 없었다.

　"정녕 그대의 뜻이 그렇다면 어쩔 수 없구려. 경처럼 어진 신하가 곁에 있어 주면 정말 좋으련만……. 떠나기 전에 마지막으로 내게 조언할 것은 없소?"

　선조의 물음에 이황은 기다렸다는 듯이 말했다.

　"지금은 태평한 세상 같지만 머지않아, 오랑캐와 왜적들의 침범이 염려되옵니다."

　"음, 그건 경의 말이 맞소."

　"더구나 백성들은 아직도 고달픈 생활을 면치 못하고

이황을 신뢰했던 선조가 하사한 도산서원의 현판.

있으며 나라의 창고는 텅 비어 있습니다. 그러니 적들이 쳐들어올 것에 대비하여 여러 준비를 갖추어야 합니다. 부디 간사한 신하들을 멀리하시고 어진 신하를 가까이하셔서 백성들이 행복하게 살 수 있도록 해 주소서."

"알았소. 경의 충언을 내 가슴속에 새겨 놓으리다."

이황이 그러한 말을 남긴 때는 선조 2년이었다. 한데 그의 예언대로 임진왜란이 일어난 것은 선조 25년이니, 이황은 무려 20여 년이나 앞을 내다보며 나라의 장래를 걱정한 것이었다.

역사 속으로

붕당의 출현

16세기 후반, 선조가 인격이 훌륭하고 덕망이 높은 사람을 많이 등용하고 문치주의로 정치를 이끌어 가자, 사림이 정치를 주도해 나갔다.

정치의 주도권이 사림에게 옮겨졌다는 것은 사림을 대표로 하여 정치에 참여하는 양반의 수가 많아졌다는 것을 의미한다.

그러나 관직의 숫자가 늘어난 것은 아니기 때문에 관직을 얻기 위한 양반들 사이의 경쟁과 대립, 반목이 일어날 수밖에 없었다.

이처럼 사림이 정계의 주도권을 장악한 다음부터 사림들 사이에 일어난 정치적 대립을 일컬어 '붕당 정치'라고 한다.

붕당은 관리의 인사권을 가진 이조 전랑 자리를 두고 벌어졌다. 즉 이조 전랑은 삼사의 관리에 대한 인사권을 좌우할 수 있었고, 스스로 자기 후임자를 추천할 수 있었기에 자신과 뜻을 같이 하는 사람을 관직에 임명할 수 있었다.

〈소수서원〉
경상북도 영주에 위치한 우리나라 최초의 서원이다.

그러므로 이조 전랑의 자리를 놓고 사림이 동인과 서인으로 나뉘면서 붕당 정치가 출현하게 된 것이다.

사실 붕당은 기본적으로 학문과 이념의 차이에서 출발했다. 동인은 주로 영남 지방 사림이었고, 서인은 주로 기호(충청) 지방 사림들로 이루어져 있어 학풍에 차이가 있었던 것이다.

또한 붕당 정치는 언론 활동으로 시비를 가리고 군자와 소인을 분별하는 방법으로 전개되었는데 이러한 붕당 활동을 통해

　정치가 활성화되었고, 사림의 정치 참여 폭도 더욱 넓어지게 되었다.

　붕당은 정치 세력 간의 비판과 견제를 통해 올바른 정치를 추구하게 하는 긍정적인 역할을 수행했다.

　붕당의 경제적인 토대는 각 지방의 농장이었다. 또한 각 지방의 서원과 족당을 중심으로 한 사제 관계와 혈연을 통해 대대로 이어지면서 그 결속이 계속되었다.

　즉 붕당 정치는 이러한 농장과 족당 및 학파를 기반으로 하고 있었다.

　그러나 시간이 지남에 따라 붕당은 국가의 안정과 백성의 이익보다는 자기 당의 이익을 우선시하고, 이념보다는 학벌, 문벌, 지연을 앞세워 결국 국가 발전에 큰 지장을 주었다.

　더욱이 그들 사이의 갈등을 조정할 수 있는 왕권이 약화하고 정치 기강이 문란해지자 그 대립과 분열은 더욱 격화되었다.

유명한 일화들

　이황은 벼슬을 그만두고 다시 고향으로 돌아올 때 선조로부터 많은 선물을 받았다. 물론 몇 번씩이나 사양했지만 석별의 정으로 임금이 주는 하사품을 거부할 수는 없었다.
　선조는 표범 가죽으로 만든 요와 후추 두 말을 주고, 고향인 경상도 감영에 명하여 한동안 식량으로 삼을 수 있는 쌀과 콩을 그의 집에 전하도록 했다.
　그뿐만 아니라 타고 갈 말까지 친히 마련해 주었으며, 군사들에게 정중히 호위하라고 명령했다.

그러한 점으로 미루어 보아도 이황이 나라에 공헌한 업적과 그에 대한 임금의 신뢰가 어떠하였는가를 짐작할 수 있다.

이황은 어질고 깨끗한 성품을 지닌데다 불의 앞에서 두려움을 모르는 탓에 많은 일들을 겪었다. 때로는 피해를 보고 모함을 당하기도 했다. 그러나 그는 언제나 뜨거운 신념으로 옳은 길만을 걸었다.

이황은 서른두 살 때 한성에서 과거를 보고 고향으로 돌아가던 길에 산적들을 만난 적이 있었다. 그런데 겁에 질리기는커녕 오히려 그들 앞에 딱 버티고 섰다.

"네 이놈들! 남들이 피땀 흘려 일하고 있을 때, 너희는 대체 무슨 짓을 하는 것이냐? 노력하지 않고도 살 수 있다는 것은 크게 잘못된 생각이다. 지금이라도 늦지 않았으니 어서 칼을 거두고 열심히 일을 하여 살아갈 궁리를 하거라. 내가 지금은 비록 아무런 도움도 주지 못하지만, 장차 너희 같은 사람들을 위하여 애써 보겠다."

이황의 당당한 모습에 산적들도 기가 질렸다.

결국 그의 두려움 없는 태도에 감탄한 산적들이 일행을 해치지 않아 모두 무사할 수 있었다.

이황이 예순여덟 살 되던 해 여름날에도 잊지 못할 일이 있었다.

광나루를 건너 한성으로 들어가려는데 갑자기 큰비가 쏟아지더니 거센 물살이 일어 배가 뒤집힐 위기에 처했다.

배에 탄 사람들은 모두 깜짝 놀라서 우왕좌왕하며 바닥에 엎드렸다.

그러나 이황만은 표정과 행동이 조금도 변하지 않고 바위처럼 의젓하게 앉아 비바람이 가시기를 기다리고 있었다.

그는 아무리 다급한 일이 있어도 절대 조급해하지 않았다. 차분히 상황을 판단하고 현명하게 대처하여 어떤 일이든 순조롭게 처리해 나갔다.

이황이 첫 장가를 들었을 때의 이야기도 유명하다.

신부였던 허 씨 부인의 집은 영주 지방에서도 부유한 집안이라 좋은 말들이 많았다. 처가에서는 사위가 나들이할 때마다 그 가운데 제일 좋은 말을 골라 타라고 권했는데,

이황은 항상 말라빠진 자기의 말만 타고 다녔다.

그리고 처가에는 기름진 농토도 많았지만, 공연히 신세를 질 수 없다고 생각해 보잘것없는 자신의 토지만으로 궁핍하지만, 마음 편하게 생활했다.

또 그가 한성에 살고 있을 때, 이웃집 밤나무 가지가 울타리를 넘어와 자신의 집 뜰로 열매가 떨어지는 것을 보고 자식들이 주워 먹을까 싶어 모두 되던졌다는 일화도 전해진다.

그뿐만 아니었다. 농촌에서 제일 신경을 곤두세우는 물대기에 있어서도 다른 이들에게 양보하기 일쑤였다. 자기 논의 곡식이 메말라 곤경에 빠져도 그런 행동에는 변함이 없었다.

"내 논의 물이 말라 설령 밭이 되더라도 아직 끼니를 잇지 못할 형편은 아니지 않느냐. 다른 농가에서 물을 다 댄 다음에 하도록 하여라."

"네, 분부대로 하겠습니다."

"허허, 어서 빨리 비가 내려야 할 텐데……."

그리고 이황이 단양 군수에서 풍기 군수로 자리를 옮길 무렵의 이야기도 매우 유명하다. 그가 풍기를 향해 길을 가다 죽령이라는 곳에 이르렀을 때, 단양군 관졸이 삼단을 짊어지고 따라왔다.

"아니, 웬일이냐?"

"다름이 아니라, 단양 관가의 밭에서 거둔 이 삼단을 드리려고 왔습니다. 다른 지방으로 떠나시는 군수 어르신께 선물로 드리는 것이 관례이니 받아 주십시오."

"그런데 왜 내가 단양을 떠난 후에야 주느냐?"

이황은 이해할 수 없다는 듯이 물었다.

"어르신께서는 평소 남에게 선물 받기를 싫어하시는 성미라 안 받으실 것 같아 이렇게 뒤따라와 전해 드리는 것입니다."

관졸이 짐을 내려놓으며 하는 말에 이황은 껄껄 웃고 말았다.

"그래, 네 말이 맞는다. 한데 내 성미가 그렇거늘 이렇게 전한다고 받을 리 없지 않겠느냐? 더구나 이것은 관가의

물건이다. 관가의 물건은 나라의 재산이므로 누구든 사사로이 받을 수 없는 것이다. 도로 짊어지고 가거라."

이황은 끝내 선물을 물리치고 괴상하게 생긴 돌 몇 개와 책만 지닌 채 다시 길을 떠났다.

그는 대궐로 들어갈 때도 고관들이 타는 수레를 싫어해 남에게 빌려서라도 스스로 말을 타고 갔다.

언젠가 한번은 김이정이라는 사람이 노새 한 필을 이황에게 선사한 일이 있었다. 그러자 이황은 정중하게 쓴 편지와 함께 노새를 돌려보냈다.

내게 노새를 보내 주다니 정말 고맙소. 하지만 아직 부모님을 모시고 있는 그대가 그토록 귀한 선물을 보내다니 도저히 받을 수가 없구려.

김이정은 이황의 청렴함과 효도의 이치를 깨우쳐 주는 편지에 크게 감동했다.

이황은 벼슬자리에 있는 것을 좋아하지 않았지만, 임금

과 중신들의 권유로 40여 년 동안이나 관직에 있어야 했다. 그동안 네 명의 임금을 섬기다가 예순아홉 살이 되어서야 고향으로 돌아왔다.

그러나 그의 살림은 늘 지붕에서 비가 샐 정도로 가난했다. 다음의 시에는 그 무렵 이황의 생활이 잘 표현되었다.

　보잘것없는 오막살이 초가 한 채
　천장에서는 비가 새고
　벽으로 거세게 새어드는 바람
　마른 곳을 골라 가구를 옮기더니
　책들은 헌 상자 속에 거두더라

이 시는 이황이 한서암에 머물며 학문에 몰두하던 때 지은 것으로 전해진다. 그는 이러한 생활을 평생 한결같이 이어갔던 것이다.

이황이 한성에 거처를 정하고 있을 때, 좌의정 권철이 찾아온 적이 있었다.

이황은 그를 반갑게 맞이하며 음식 대접을 했다.

한데 밥상에는 값싼 채소뿐이었다. 밥그릇에도 쌀보다 보리가 더 많았다. 늘 고기를 즐기던 권철은 이를 차마 먹을 수가 없었다.

이황은 아무렇지도 않은 듯 식사를 했으나, 권철은 조금 뜨는 체하다가 수저를 놓고 말았다.

"아니, 왜 벌써……. 음식이 입에 맞지 않나요?"

"아, 아닙니다. 아주 잘 먹었습니다. 실은 배가 별로 고프지 않아서요."

권철은 배고픔을 참으며 이황과 이런저런 이야기를 나누다가 해 질 무렵이 되자 자리에서 일어나려고 했다. 이번에도 전과 같은 음식을 내올까 봐 내심 걱정이 되었다.

그러자 이황이 심각한 낯빛으로 그를 바라보았다.

"왜 그러십니까? 무슨 하실 말씀이라도……."

"대감, 제가 실례를 무릅쓰고 감히 드릴 말씀이 있습니다."

이황은 상대가 임금일지라도 바른말을 꼭 하고야 마는 성미였다. 권철은 그의 말에 긴장하는 표정이 역력했다. 이

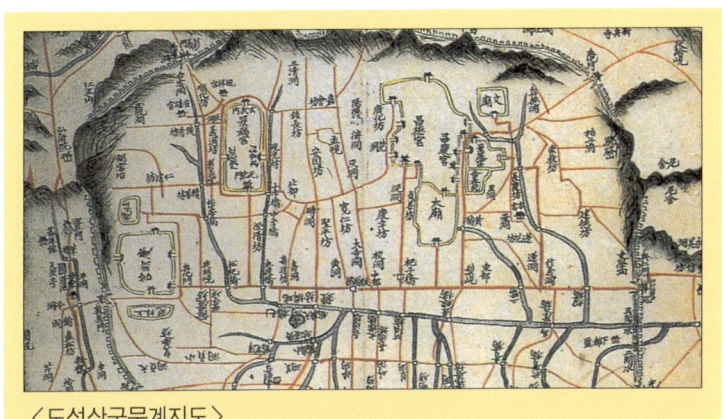

〈도성삼군문계지도〉
1750년대 수도를 보위하기 위해 삼중으로 성을 쌓은 것을 나타낸 지도이다.

황은 단호한 목소리로 말을 이었다.

"대감, 저 같은 사람을 보려고 먼 길을 찾아오셨는데 맛있는 음식을 대접하지 못해 죄송합니다. 그러나 이 땅의 백성들이 먹는 것에 비하면 그 정도도 진수성찬입니다. 나라를 다스리는 기본은 백성들이 좀 더 행복하게 살 수 있도록 하는 것인데, 벼슬아치와 백성들 사이에 그토록 거리가 있으니 큰일입니다. 그래서야 어찌 백성들이 나라가 하는 일에 진심으로 힘을 보태겠습니까? 그러니 대감께서도 앞으로는 그 점에 더욱 신경을 써서 정치를 해 주시기를 바

랍니다."

 이황의 솔직한 말을 듣고 권철도 자기 잘못을 뉘우쳤다. 그래서 부끄러움에 몸 둘 바를 몰라 하며 진심으로 사과하였다.

 "죄송합니다. 한 나라의 좌의정이라는 사람이 그릇이 작아 그와 같은 잘못을 범했습니다. 앞으로는 좀 더 학문과 인격을 갈고닦아 백성들과 어려움을 함께하며 살겠습니다."

 그 뒤, 권철은 지극히 검소한 생활을 하며 올바른 정치를 하기 위해 노력했다.

 이황은 자녀들에게도 훌륭한 교훈을 남겼다. 그는 인자하면서도 엄한 아버지였는데, 맏아들인 준에게 보낸 편지들을 보면 그러한 가르침과 사랑을 짐작할 수 있다.

 가난하다는 것은 선비에게 절대 부끄럽지 않은 일이며, 오히려 자랑으로 여길 수도 있다. 사실 이 아비는 평생 그러한 생각으로 지내 남에게 웃음거리가 되는 일도 많았다. 그러나 나는 아무런 불편 없이 깊은 학문의 이치를 깨달으며 살아

올 수 있었다. 가난을 비관하거나 근심하는 사람은 훌륭한 선비가 아니다. 순리에 따라 스스로 수양하는 것만이 진실이며, 우리가 가야 할 길이다.

그뿐만이 아니었다. 이황은 학문 탐구에 한시도 게으름을 피우면 안 된다고 주의를 주었다.

모름지기 책을 읽는 일에 때와 장소를 가리지 말아야 한다. 한성에 있으나 시골에 있으나, 얼마나 굳은 신념으로 뜻을 세웠느냐가 문제이다. 스스로를 채찍질하며 부지런히 힘써 나갈 때만 진정 훌륭한 인품을 지닌 사람으로 성장할 수 있다.

이렇게 보내오는 편지마다 인생의 나침반이 될 수 있는 가르침이 구구절절 깃들어 있었다.

어느 해인가 경상도 봉화에서 찰방 벼슬을 하고 있던 아들 준이 인삼이며 비단, 꿀 등을 이황에게 보내왔다.

너의 벼슬이 아직 낮고 할 일이 많은데, 어떻게 이토록 귀한 물건을 구했는지 궁금하구나. 이 아비의 생각으로는 도저히 이해되지 않아 마음이 몹시 불편하다. 부모에게 분에 넘치는 선물을 하는 것보다는 옳은 길을 가며 당당하게 사는 것이 더욱 중요하니, 꼭 명심하거라.

이황은 자녀들이 비굴하게 잘 사는 것을 바라지 않았다. 좋은 음식을 먹고 넓은 집에서 살지는 못할지라도 늘 떳떳하기를 바랐던 것이다.

그리고 이황은 산간에 파묻혀 시나 읊으며 학문에만 몰두하던 학자가 아니었다. 일을 할 때는 그 누구보다 먼저 소매를 걷어붙이고 나섰다.

당시 조선 사회는 양반과 상민, 천민 등으로 신분이 나뉘었으며 그 차별이 매우 심했다.

양반들은 상민과 천민을 멀리했으며, 그들이 아무리 힘들어해도 절대 도와줄 생각을 하지 않았다.

하지만 이황은 달랐다. 그는 유명한 학자였지만 마을에

어려운 일이 있을 때면 궂은일을 마다하지 않았다.

이황이 열심히 일을 할수록 아랫사람들은 기운이 났다.

"훌륭한 대학자가 앞장서서 일하는데 우리가 보고만 있을 수는 없지. 그래, 잔꾀를 부리지 말고 열심히 일해야겠어."

이황은 또 젊어서 술을 무척이나 즐겨 마셨다.

"자, 어서 쭈욱 들게나."

어찌나 술을 좋아했든지 벼슬자리에 있을 때는 녹을 전부 털어 친구들과 어울리고서 설날에는 쌀 한 톨이 없어 쩔쩔맬 정도였다. 가난한 살림에도 불구하고 친구들과 함께하기를 무척 즐겼다.

그러던 어느 날, 이황은 술을 마시고 말을 탔다가 그만 말에서 떨어지고 말았다.

"아이쿠! 술에 취한 채 말을 탄 내 잘못이지. 음, 이렇게 느슨하게 생활해선 안 되겠다."

그래서 중년 이후부터는 간혹 술을 들더라도 자제하였다.

이황은 도무지 잘난 체를 할 줄 모르는 사람이었다.

모든 일에 조심스러웠으며 잘못을 깨달으면 빨리 고치려

고 노력했다.

누구를 마주해도 겸손함과 존중하는 마음을 잊지 않았고, 제자와 하인들에게 자주 가족의 안부를 물었다.

때 묻지 않은 순박함과 깨끗한 마음으로 일생을 가난 속에서 산 이황은 바위같이 무거우면서도 정이 많고 감성이 풍부한 인물이었다.

이황은 태어난 지 불과 7개월 만에 아버지를 여의고 홀어머니 밑에서 어렵게 학문을 닦았다. 그렇지만 그의 바보스러울 만큼 우직한 태도와 꾸준히 노력하는 성품은 만인의 스승이 되기에 부족함이 없었다.

이황은 일곱 번씩이나 벼슬자리에서 물러났지만, 나라의 일을 가볍게 생각해서 그런 것은 결코 아니었다. 또 어지러운 조정을 지켜 낼 용기가 없어서도 아니었다.

그런 결심은 오로지 순리대로 살고, 절제하며 생활해 나가려는 데서 비롯된 것이었다.

오늘날 많은 사람이 그를 존경하는 것도 높은 벼슬자리에 있었다는 사실보다 평생 닦아 놓은 학문적 성과와 훌륭한 인품 때문이다.

  그가 남긴 많은 시 가운데 다음과 같은 구절들이 있다.

  산속의 취미를 그대는 아는가
  세상일 따위는 말도 말게나

  슬프구나 세상 사람들이여
  스스로 높은 벼슬일랑 생각지 말아라
  옛날 그 서재로 돌아와
  고요히 향을 사르며 앉으니
  산속의 늙은이일지언정
  속된 근심이 사라져 다행이다

  이러한 자신의 시구처럼 삶을 꾸려 나간 이황은 부귀와 영화를 멀리하고 마음을 정갈하게 닦아 성현으로 불리게 되었다.

  그는 또한 제자들을 양성하는 데 정성을 다하여 세상을

떠나기 얼마 전까지 강론을 계속했다.

1570년이 저물어 가던 11월, 마침내 이황은 자리에 누웠다. 그리고 달이 바뀌어 12월로 접어들면서 그의 병세는 더욱더 깊어졌다.

이황은 자신의 목숨이 얼마 남지 않았음을 깨닫고 주변을 정리하기 시작했다.

"사당에 마지막으로 제를 올리고 싶구나. 이제 준비를 좀 해 다오."

"아버님, 마지막이라니요? 그렇게 약한 말씀은 절대 하지 마십시오."

"아니다. 나는 살 만큼 살았으니, 더 이상 여한은 없다."

이황은 마치 자신의 앞날을 내다보는 사람처럼 말을 하고 나서 옷을 단정히 갈아입었다. 그리고 아들들과 함께 조상의 위패를 모신 사당에 제를 올렸다.

그로부터 며칠 후, 이황은 제자들을 한 사람씩 불러 만나 본 다음 가족들에게 말했다.

"이제 내 목숨도 다한 것 같다. 내가 죽으면 상감마마께서 나랏돈으로 장례를 치르라고 할 텐데, 너희들은 그것을 사양하고 간소하게 식을 마쳐라. 그리고 묘비에는 무슨 벼슬을 했다고 써넣는 대신 호와 이름만 적도록 해라. 비석 또한 클 필요가 없음은 물론이다."

이황은 이렇게 가족들에게 신신당부하고 나서 자신의 관을 미리 만들어 두라고 말했다.

그리고 12월 8일 아침이 되자 다른 날보다 일찍 일어나 깨끗이 세수하더니, 제자들을 시켜 늘 머리맡에 두던 매화분을 다른 곳으로 옮기게 했다.

그날 오후 이황은 사랑하는 가족과 제자들이 지켜보는 가운데 조용히 눈을 감았다.

이황이 죽었다는 소식을 전해 들은 선조도 큰 슬픔에 몸을 제대로 가누지 못했다. 선조는 우승지를 보내 가족들에게 위로의 말을 전하고 최고 벼슬인 영의정에 봉했다.

그렇게 한 시절을 부끄럼 없이 산 대 유학자 이황은 영영 사랑하는 사람들 곁을 떠났다.

그는 학문 연구와 수많은 책을 저술하는 데 힘써 우리나

<초가집>
조선 시대 서민들의 주된 주거 공간이었다.

라 유교 역사에 위대한 업적을 남겼다.

또한 그는 조월천을 비롯하여 정구, 김성일, 류성룡, 기대승 등 수많은 학자를 배출했다. 정약용도 이황의 문집을 정독하고 『도산사수록』을 지었다.

일상생활 속에서 진리를 탐구한 그의 사상과 높은 학문은 오늘날 해외에서까지 수많은 사람의 연구의 대상이 되고 있다.

퇴계 이황의 생애

 1501년 경상북도 예안에서 이식의 아들로 태어난 퇴계 이황은 어려서부터 독서를 즐겼으며, 언행이 바르고 총명하였다. 또한 그는 여러 차례 과거에 급제했고 높은 관직에 등용되어서도 청렴결백한 선비의 자세를 끝까지 잃지 않았다. 그는 1560년에 도산서원을 세운 후 1570년 세상을 떠날 때까지 제자들을 가르치는 일과 조선의 성리학을 발전시키는 일에 전념한 조선의 대학자였다.

퇴계 이황
(退溪 李滉 1501~1570, 연산군 7년~선조 4년)

1501년
경상도 예안에서 진사 이식의 아들로 태어났다.

1506년
동네 글방에서 『천자문』을 배우다가 숙부 이우에게서 『논어』를 배우기 시작했다.

1521년
영주 허씨 집안의 딸과 결혼하고,
1523년에는 한성의 성균관에 입학하여 공부했다.

1528년
진사시에 장원 급제했으며 그해 허 씨 부인이 세상을 떠났다.
1530년, 권질의 딸과 재혼한 뒤 학문에 전념했다.

1533년
경상도 향시에 장원 급제한 후 이듬해 식년 문과에 을과로 급제하여 승문원 부정자가 되어 벼슬길에 올라 박사·호조 좌랑 등을 지냈다.

1539년에는 수찬·정언 등을 거쳐 형조 좌랑으로서 승문원 교리를 겸직하였다.

1542년
충청도 암행어사가 되어 민정을 살피고 문학·교감 등을 지낸 뒤 대사성이 되었다.

1545년
을사사화 때 이기의 모함으로 관직을 빼앗겼으나 곧 복직되어 음교 등의 벼슬을 지냈다.
이듬해 권 씨 부인이 세상을 떠나자 사직하고 고향에 내려갔다. 그 후 1548년 단양 군수가 되어 어진 정치로 군민을 다스리다가 풍기 군수로 전근하였다.

1550년
몸이 쇠약해 군수 직책을 수행하기 어려워지자, 고향으로 돌아가 학문에 몰두했다.

1552년
대사성에 재임되었으며, 형조·병조 참의에 이어 첨지 중추부사를 지냈다. 다시 3년 뒤인 1555년에는 한서암으로 돌아와 학문에 전념하다가 이듬해 홍문관 부제학을 지냈다.

1558년
율곡 이이와 스승과 제자의 의를 맺고, 1560년에는 지금의 경상북도 안동에 '도산서원'을 세우고 많은 제자를 가르쳤다. 이때 <도산기>와 <도산십이곡>을 지었다.

1566년
공조 판서와 예조 판서에 오르고 의정부 우찬성을 거쳐 홍문관과 예문관의 대제학을 지냈다. 이때 대제학의 벼슬에서 물러나게 해 달라고 선조에게 여러 차례 청원하고 이듬해 은퇴하여 고향에서 학문과 교육에 전력했다.

1570년
고향에서 후진 양성에 힘쓰다가 세상을 떠났다. 그 후 영의정에 추증되었다.